디스커버리 에듀케이션
맛있는 과학 –17 식물2

1판 1쇄 발행 | 2012. 1. 27.
1판 4쇄 발행 | 2018. 3. 11.

발행처 김영사
발행인 고세규
등록번호 제 406-2003-036호
등록일자 1979. 5. 17.
주　소　경기도 파주시 문발로 197(우10881)
전　화　마케팅부 031-955-3102 편집부 031-955-3113~20
팩　스　031-955-3111

Photo copyright©Discovery Education, 2011
Korean copyright©Gimm-Young Publishers, Inc., Discovery Education Korea Funnybooks, 2012

값은 표지에 있습니다.
ISBN 978-89-349-5451-4 64400
ISBN 978-89-349-5254-1 (세트)

좋은 독자가 좋은 책을 만듭니다. 김영사는 독사 여러분의 의견에 항상 귀 기울이고 있습니다.
독자의견전화 031-955-3139 | 전자우편 book@gimmyoung.com | 홈페이지 www.gimmyoungjr.com
어린이들의 책놀이터 cafe.naver.com/gimmyoungjr | 드림365 cafe.naver.com/dreem365

어린이제품 안전특별법에 의한 표시사항
제품명 도서　제조년월일 2017년 9월 22일　제조사명 김영사　주소 10881 경기도 파주시 문발로 197
전화번호 031-955-3100　제조국명 대한민국　⚠주의 책 모서리에 찍히거나 책장에 베이지 않게 조심하세요.

최고의 어린이 과학 콘텐츠
디스커버리 에듀케이션 정식 계약판!

Discovery EDUCATION

맛있는 과학

17 | 식물 2

민주영 글 | 진주 그림 | 류지윤 외 감수

주니어김영사

 차례

1. 식물의 분류

식물은 이렇게 나눠요 8
꽃이 피는 종자식물 10
    TIP 요건 몰랐지? 소나무 숲에는 소나무만 자라나요? 14
꽃이 피지 않는 포자식물 15
    Q&A 꼭 알고 넘어가자! 20

2. 식물의 구성

잎 24
    TIP 요건 몰랐지? 세상에서 가장 큰, 식물의 잎 28
식물의 잎은 어떤 일을 할까요? 30
줄기 35
뿌리 41
    TIP 요건 몰랐지? 새끼를 낳는 나무 47
    Q&A 꼭 알고 넘어가자! 48

3. 번식을 담당하는 꽃

꽃의 생김새와 하는 일이 궁금해요 52

꽃의 분류 57

TIP 요건 몰랐지? 일생에 단 한 번 꽃을 피우는 식물 62

씨앗과 열매 63

TIP 요건 몰랐지? 2,000년 전의 씨앗에서 싹이 났어요 65

Q&A 꼭 알고 넘어가자! 66

4. 다양한 식물

식물은 어느 곳에서나 자랄 수 있나요? 70

우리나라에 사는 식물 73

TIP 요건 몰랐지? 식물도 이민을 와요 77

이런 식물도 있어요 78

TIP 요건 몰랐지? 이끼가 좋아하는 곳 81

Q&A 꼭 알고 넘어가자! 82

5. 아낌없이 주는 식물

식물이 주는 이로움 86

TIP 요건 몰랐지? 집 안에서 식물을 기르면 이런 점이 좋아요. 90

식물도 힘들어해요 92

TIP 요건 몰랐지? 아마존 강 삼림 파괴 원인 중 하나는 콩 재배 94

식물을 보호해야 해요 96

Q&A 꼭 알고 넘어가자! 98

관련 교과
초등 4학년 1학기 3. 식물의 한살이
초등 4학년 2학기 1. 식물의 세계
중학교 1학년 4. 생물의 구성과 다양성

1. 식물의 분류

우리 주변 산과 들에는 아주 작은 식물부터 키가 큰 나무에 이르기까지 헤아릴 수 없을 정도로 수많은 식물이 있어요. 식물과 동물 중 무엇이 더 많은지 생각해 본 적 있나요? 동물이 식물을 먹고 사니까 동물이 많을 것 같지만, 사실은 식물이 동물에 비해 훨씬 많습니다. 이렇게 많은 식물을 종류에 따라 어떻게 나누는지 알아볼까요?

 # 식물은 이렇게 나눠요

　동물과 식물의 다른 점은 무엇일까요? 동물은 풀이나 열매, 고기 등을 먹고 영양분을 섭취하지만, 식물은 자라는 데에 필요한 영양분을 스스로 만든다는 점이 다릅니다. 식물은 뿌리를 통해 물을 빨아들이고 잎으로 햇빛을 흡수해서 양분을 만듭니다. 이러한 과정이 바로 식물이 스스로 영양분을 만들어 내는 광합성 작용이지요.
　식물은 씨에서 싹을 틔우고 잎이 자라서 점점 굵은 뿌리와 줄기를 만듭니다. 또 예쁜 꽃도 피우지요. 그리고 꽃이 지면 열매나 씨앗을 맺습니다.

열매에는 새싹을 틔울 씨앗이 들어 있는데, 씨앗은 다시 식물로 자랍니다. 식물은 이러한 과정을 반복하며 오늘날까지 살아오고 있습니다.

백화점에 가면 1층에는 화장품이나 가방, 2층은 숙녀복, 3층은 남성복 등 같은 종류의 제품끼리 진열해 놓고 판매하는 것을 볼 수 있지요? 이렇게 기준을 정하여 나누는 것을 분류라고 합니다.

그러면 식물은 어떻게 분류할 수 있을까요? 광합성을 하느냐 하지 않느냐, 잎의 모양, 뿌리의 모양, 사는 장소, 식물의 크기 등 여러 방법으로 분류할 수 있습니다.

번식하는 방법에 따라서 식물을 분류할 때는 크게 두 가지로 나눌 수 있습니다. 씨로 번식하는 종자식물과 포자로 번식하는 포자식물로 나누지요. 포자식물은 꽃이 피지 않고 홀씨에 의하여 번식하는 식물로 다시 양치식물, 선태식물, 조류, 균류 등으로 나뉩니다.

우리가 흔히 볼 수 있는 나무와 풀은 씨로 번식하는 종자식물에 속하고, 고사리나 고비처럼 포자로 번식하는 식물은 양치식물에 속합니다. 양치식물은 물과 양분이 옮겨지는 관다발이 있습니다. 양치식물처럼 포자로 번식하지만 양치식물보다 원시적인 이끼류 식물은 선태식물에 속합니다. 선태식물은 관다발이 발달해 있지 않으며, 헛뿌리를 가지고 있습니다.

꽃이 피는 종자식물

　종자식물은 지구에서 가장 흔한 식물인 동시에 지구에 사는 생명체에게 매우 중요한 존재입니다. 지구의 수많은 동물이 종자식물을 먹고 살아가기 때문이지요.

　오늘 우리가 무엇을 먹었는지 생각해 보세요. 우리가 먹은 대부분의 음식은 종자식물로부터 나옵니다. 밥, 김치, 된장국 등을 먹었다고 가정해 볼까요? 밥은 벼를 찧어서 얻은 쌀로 만들지요. 그리고 김치는 배추로 만들고, 된장국을 끓일 때 넣는 된장은 콩으로 만듭니다. 밥, 김치, 된장국을 만드는 데에 쓰인 재료인 벼, 배추, 콩은 모두 종자식물입니다.

　씨를 퍼뜨려 번식하는 식물을 종자식물이라고 합니다. 종자식물의 특징은 잎과 줄기, 뿌리의 구분이 명확하다는 점입니다. 또한, 종자식물은 꽃을

우리가 매일 먹는 밥은 종자식물인 쌀로 만들어진다. ⓒ IRRI@the Wikimedia Commons

된장 만드는 재료인 콩은 종자식물이다. ⓒ Alpha@the Wikimedia Commons

피워 씨앗을 만들어요. 씨앗 안에는 새로운 식물이 숨어 있습니다. 또 그뿐만이 아니라 씨앗에는 숨어 있는 식물이 자랄 때 에너지를 공급해 주기 위해서 영양분도 같이 저장되어 있지요.

종자식물은 크게 씨가 씨방에 싸여 있는 속씨식물과 씨가 씨방에 들어 있지 않고 겉으로 드러난 겉씨식물로 나뉘어요.

과일을 싫어하는 사람은 없겠지요? 과일과 같이 씨앗이 열매 안에 들어 있는 식물을 속씨식물이라고 합니다. 속씨식물은 지구에서 가장 많이 볼 수 있는 식물로 약 23만 종에 달하며, 사막이나 초원, 열대우림 지역 등 세계 곳곳에서 자랍니다. 속씨식물은 다른 식물에 비해 화려한 꽃을 피우는

김치의 주재료인 배추는 종자식물이다. ⓒ pizzodisevo@flickr.com

데, 이는 곤충을 유인하기 위해서예요. 곤충이 날아와 꽃가루받이를 해 주어야 열매를 맺을 수 있기 때문이지요. 화려하고 큰 꽃을 피우는 속씨식물은 새가 꽃가루받이를 도와주기도 합니다.

속씨식물은 다시 두 장의 떡잎이 나오는 쌍떡잎식물과 한 장의 떡잎이 나오는 외떡잎식물로 나눌 수 있어요. 쌍떡잎식물은 자라면서 잎이 그물 모양인 그물맥이 되고, 외떡잎식물은 잎맥이 나란히 배열된 나란히맥이 됩니다.

산에 갔을 때 소나무 밑에 떨어진 솔방울을 본 적이 있나요? 솔방울에는 비늘 조각 속에 씨가 하나하나 들어 있어요. 이렇게 솔방울처럼 씨가 씨방 안에 있지 않고 겉으로 드러나 있는 식물을 겉씨식물이라고 합니다. 대표적인 겉씨식물로는 소나무와

종

생물을 분류할 때 기초가 되는 단위를 말합니다. 우리는 흔히 생물의 종류라고 말하지요. 같은 종의 생물은 서로 교배할 수 있습니다.

꽃가루받이

수분이라고도 합니다. 종자식물에서 수술의 꽃가루가 암술머리에 옮겨 붙는 것을 말합니다. 바람이나 곤충과 새가 옮겨 주거나 사람의 손에 묻어 옮겨집니다.

그물맥을 가진 쌍떡잎식물.
ⓒ Matt Lavin@flickr.com

나란히맥을 가진 외떡잎식물.
ⓒ Derrick Coetzee@flickr.com

잣나무가 있습니다. 두 나무는 잎이 바늘처럼 뾰족하지요. 그래서 침엽수라고도 부릅니다. 침엽수는 씨가 씨방에 들어 있지 않고 겉으로 드러나 있기 때문에 모두 겉씨식물입니다. 하지만 가을철에 노랗게 물드는 은행나무 같은 활엽수 중에도 겉씨식물이 있어요.

겉씨식물인 소나무는 특이하게도 소나무 한 그루에 암꽃과 수꽃을 모두 가지고 있어요. 위쪽에는 암꽃, 아래쪽에는 수꽃이 피지요. 그에 비해 은행나무는 암그루와 수그루가 따로 있어서 암그루에는 암꽃이, 수그루에는 수꽃이 피어요. 겉씨식물은 주로 바람에 의해 꽃가루받이가 이루어집니다.

솔방울의 비늘 조각을 따면 그 속에 씨가 있다.
ⓒ Bruce McAdam@flickr.com

소나무 숲에는 소나무만 자라나요?

　소나무는 우리나라에서 흔하게 볼 수 있는 식물이에요. 소나무 숲에 들어가면 머리가 맑아지고 기분도 상쾌해지지요.

　소나무 숲을 한번 빙 둘러보세요. 어때요? 소나무 외에 다른 나무들이 눈에 띄나요? 소나무 숲에서는 거의 다른 나무를 찾아볼 수 없습니다. 소나무는 햇빛을 유난히 좋아하기 때문이지요. 소나무는 메마른 땅에서는 살 수 있어도 해가 들지 않는 곳에서는 살기 어렵습니다. 잎이 넓고 키가 큰 나무나 무성한 풀이 햇빛을 가리면 소나무는 시들어 죽습니다. 그래서 소나무는 자기 주변에 소나무 외의 다른 식물이 살지 못하게 하고 소나무끼리 모여 산답니다.

소나무 숲에는 다른 나무가 자라기 어렵다. ⓒ Natsubon-kinkin@the Wikimedia Commons

꽃이 피지 않는 포자식물

양의 이빨을 닮은 양치식물

 '고사리 손'이라고 하는 말을 들어 본 적이 있나요? 주먹을 쥔 작은 손에 솜털이 보송보송 난 모습이 고사리순을 닮았다고 해서 아기 손을 고사리 손이라고 부르기도 하지요.

 그런데 아기 손을 닮은 고사리가 지구에 언제부터 존재했는지 알고 있나요? 고사리는 공룡이 살기 전에 생겨 지금까지 살아오고 있는 식물입니다. 공룡이 살던 시대의 고사리는 줄기 둘레가 1m, 키가 30m 정도였지만 지금

다 자란 고사리 잎 뒷면에는 홀씨주머니가 생긴다. ⓒ Paige Filler(The Equinest@flickr.com)

은 많이 작아졌어요. 그리고 공룡 시대에 자라던 고사리가 땅속에 묻혀 지금 우리가 사용하는 석유와 석탄이 되었습니다.

고사리나 고비, 쇠뜨기, 속새 등을 모두 묶어 양치식물이라고 합니다. 양의 이빨처럼 잎이 작게 갈라져 있는 모습이어서 양이란 뜻의 한자 양(羊) 자와 이빨이란 뜻의 한자 치(齒) 자가 합쳐져 양치식물이라고 이름이 붙여졌지요.

양치식물은 이끼류에 비해서는 뿌리, 줄기, 잎을 확실하게 구분할 수 있어요. 또한, 우리가 흔히 볼 수 있는 꽃이 피는 대부분의 식물과는 다르게 꽃을 피우지 않고 홀씨(포자)로 번식합니다. 고사리는 잎이 다 자라면 잎 뒷면에 곤충의 알 같은 검은 반점이 올록볼록 솟아오릅니다. 바로 이것이 고사리의 씨앗, 홀씨가 담겨 있는 홀씨주머니입니다. 홀씨가 익어 검게 변하면 홀씨주머니가 터지면서 사방으로 흩어집니다.

그렇게 고사리의 홀씨가 땅에 떨어지면 작고 납작한 식물인 전엽체가 자랍니다. 전엽체는 고사리와 달리 잎, 줄기, 뿌리의 구분이 뚜렷하지 않고, 잎이 작고 심장 모양처럼 생겼습니다. 전엽체는 식물

홀씨

식물이 무성생식을 하기 위하여 만드는 생식세포를 말합니다. 포자라고도 부르지요. 보통 단세포로 단독으로 씨앗에서 싹이 트여 새 세대 또는 새 개체가 됩니다.

전엽체

양치식물의 홀씨가 싹터서 생긴 배우체로, 넓고 평평한 잎 모양으로 녹색을 띱니다. 배우체는 유성의 포자를 만드는 염색체 수가 반인 시기의 식물을 말합니다.

■ 고사리의 일생

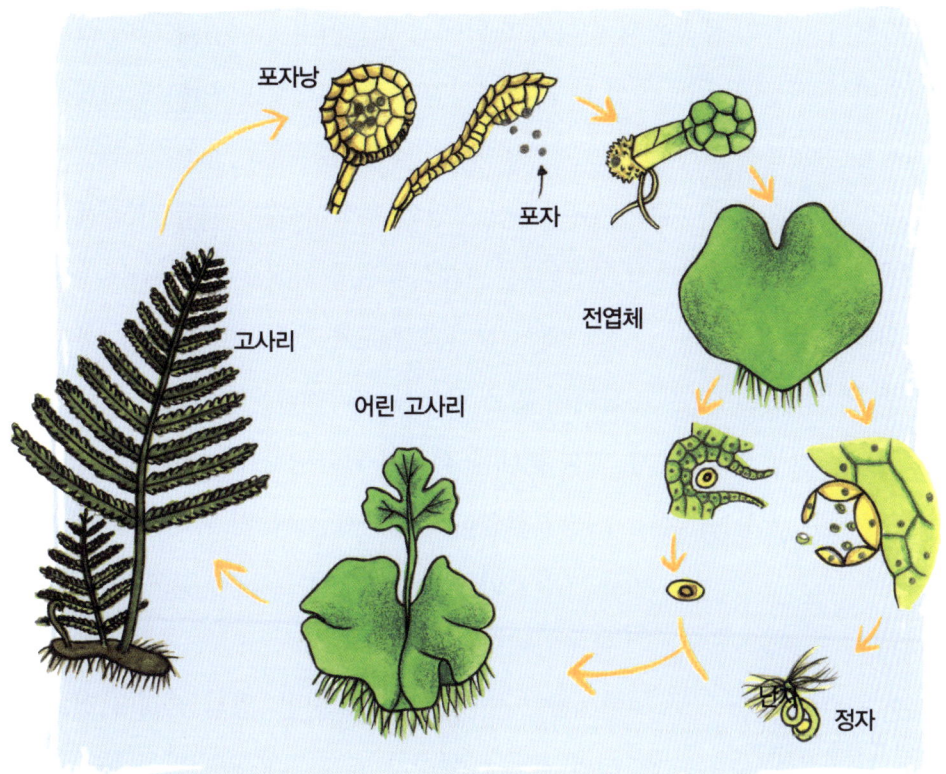

의 꽃같이 수컷 세포와 암컷 세포를 만듭니다. 여기에서 만들어진 수컷 세포(정자)는 꼬리가 있어서 꼬리로 스스로 움직여 난자를 찾아가지요. 난자와 만나면 고사리로 싹을 틔울 수 있습니다.

양치식물은 추운 지역이나 사막을 제외한 열대와 온대 지방에서 잘 자랍니다. 특히 습기와 햇볕이 적당한 숲에서는 어디나 가리지 않고 흔하게 자라지요. 양치식물은 우리나라에 약 250여 종이 살고, 전 세계에는 1만여 종이 살고 있습니다.

육지에서 가장 먼저 살기 시작한 선태식물

강이나 계곡의 물속에서 놀다가 바위에서 미끄러져 넘어진 경험이 있나요? 바위에 붙어 있는 이끼 때문에 넘어지기 쉽지요. 이런 이끼에 대해서 자세히 살펴볼까요?

솔잎을 닮은 솔이끼를 '선류', 우산 모양의 우산이끼를 '태류'라고 해서 이끼류를 선태식물이라고 부릅니다. 선태식물은 육지에 가장 먼저 살기 시작한 식물이에요. 이끼는 물속에서 살던 녹조류가 진화하여 땅 위로 올라온 녹색 식물로 그늘지고 습기가 많은 곳에서 자라지요.

식물은 보통 뿌리, 줄기, 잎의 형태를 갖추고 있습니다. 하지만 이끼류는 대부분 잎, 줄기, 뿌리의 구분이 확실하지 않아요. 구분이 확실하지 않은 이유는 양분이나 물을 운반하는 관을 갖고 있지 않기 때문입니다.

이끼류는 뚜렷하지는 않지만, 잎과 줄기가 있고 뿌리와 같은 헛뿌리가 있습니다. 헛뿌리는 몸체를 지탱하는 역할만 하고 양분과 물은 흡수하지 못해요. 대신 몸 전체로 필수 양분과 물질을 흡수할 수

녹조류

연못 등의 고인 물에서 쉽게 번식하는 녹색의 조류를 말합니다. 엽록소를 가지고 있어 광합성을 합니다. 해캄, 청각, 파래 등이 있습니다.

우산이끼는 산지의 응달 등 습기가 있는 곳에 퍼져 있다. ⓒ Frank Vincentz@the Wikimedia Commons

솔이끼는 솔잎을 닮은 선류이다.
ⓒ Christian Fischer@the Wikimedia Commons

■ 솔이끼의 번식

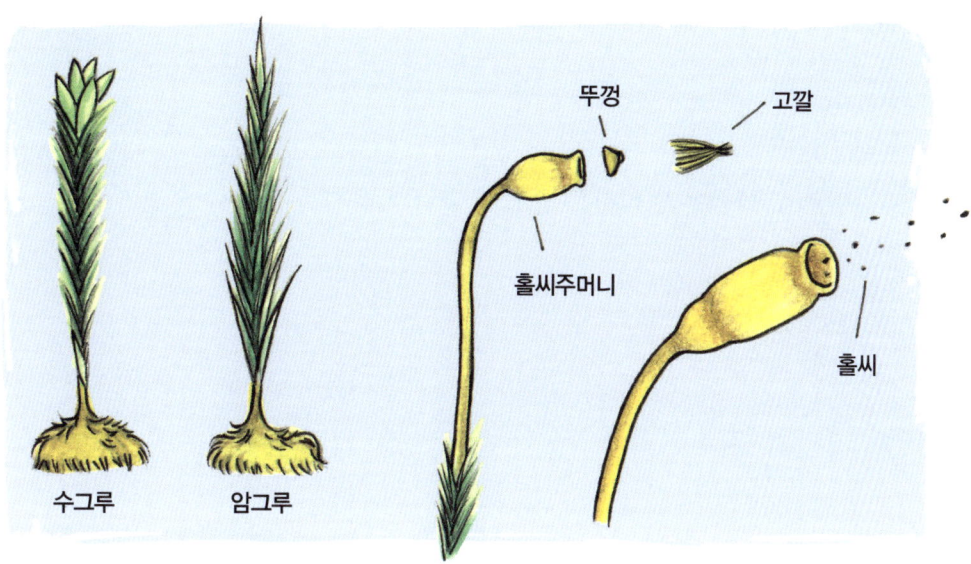

있습니다.

　선태식물은 식물처럼 꽃을 통해 씨를 만들지 않고 일반적으로 가늘고 긴 줄기 위에 곡식알 형태의 작은 홀씨주머니를 만듭니다. 홀씨주머니가 터지면서 홀씨가 퍼져 번식하지요.

　선태식물은 생명력이 강해서 몹시 더운 적도 지방부터 1년 내내 얼음으로 덮여 있는 남극 지방에서도 잘 자랍니다. 또한, 진드기나 거미 같은 작은 동물의 서식처가 되기도 하고, 여러 동물의 좋은 먹이도 되지요. 그리고 우리는 이끼에서 향수나 항생제 등 여러 추출물을 뽑아 활용하기도 합니다. 또, 이끼를 깔고 화초를 기르면 습기를 저장해서 식물이 잘 자랄 수 있도록 도와주기 때문에 화초를 기를 때에도 이끼를 많이 사용하지요.

Q&A 꼭 알고 넘어가자!

문제 1 식물은 번식하는 방법에 따라 어떻게 분류할 수 있을까요?

문제 2 속씨식물이 다른 식물에 비해서 화려한 꽃을 피우는 이유는 무엇일까요?

---

3. 종자식물은 이끼류나 고사리식물과 달리 꽃이 피고 씨앗으로 번식할 수 있으며, 꽃이 피는 식물이라고도 한다. 밑씨가 씨방 안에 있으면 속씨식물, 밑씨가 씨방 없이 겉으로 드러나 있으면 겉씨식물이다. 이들은 줄기 속에 관다발이 있고 뿌리, 줄기, 잎이 잘 발달되어 있다. 대부분 꽃잎과 꽃받침이 있는 꽃을 피우며 열매를 맺어 씨앗을 만든다. 대체로 잎이 넓고 물관과 체관으로 이루어진 관다발이 잘 발달되어 있다. 속씨식물은 곤충을 끌어들이기 위해서 눈에 잘 띄는 화려한 꽃을 피웁니다.

문제 3 고사리나 고비 같은 양치식물은 다른 식물과 어떤 다른 특징이 있나요?

_____

_____

_____

문제 4 육지에서 가장 먼저 살기 시작한 식물의 특징은 무엇인가요?

_____

_____

_____

정답

1. 바다속에 떠다니던 식물들이 육지로 올라올 때로는 크게 두 가지로 나눌 수 있습니다. 바다속에 살던 식물과 육지에 살던 식물로 나눕니다. 풀이 자라지 못하고 이끼처럼 땅에 붙어 사는 식물들 곧, 선태식물, 조류, 균류 등으로 나뉩니다.

2. 속씨식물이 다른 식물에 비해 훌륭한 점은 꽃을 피운다는 것이 아니에요. 속씨식물은 꽃을 피우기 이전의 공룡들이 살던시대, 쥐라기에 등장하여 번성하고 곧 꽃을 피우는 식물이 되어 씨앗으로 새대를 퍼뜨리기도 합니다.

관련 교과
초등 5학년 1학기 3. 식물의 구조와 기능
중학교 1학년 6. 식물의 영양

2. 식물의 구성

식물은 대부분 잎, 줄기, 뿌리로 구성되어 있어요. 봉선화 줄기를 잘라 땅에 심고 어떻게 변하는지 관찰해 보세요. 얼마 지나지 않아 시든 봉선화 줄기를 볼 수 있을 거예요. 잎과 줄기는 있지만, 뿌리가 없어 물을 흡수할 수 없기 때문이지요. 식물이 건강하게 자라기 위해서는 잎과 줄기, 뿌리 가운데 어느 하나라도 없어서는 안 돼요. 각자 맡은 일을 열심히 해야 식물이 건강하게 살 수 있어요.

 잎

모양도 가지가지

잎은 식물이 살아가는 데 중요한 영양분을 만드는 곳입니다. 살아가는 데 적합하도록 모양도 환경이나 몸의 구조에 맞추어 다양하지요.

밖에 나가 식물의 잎 모양을 관찰해 보세요. 좁고 긴 잎, 넓은 잎, 바늘처럼 뾰족한 잎, 끝이 갈라진 잎, 둥근 잎 등 다양한 잎들을 볼 수 있어요. 또 잎이 한 장인 식물도 있고 여러 장 붙어 있는 식물도 있습니다.

잎맥 모양에 따른 구분

잎은 잎맥의 모양에 따라 그물맥과 나란히맥으로 구분할 수 있어요. 그물맥은 잎맥이 그물처럼 복잡하게 얽혀져 있는 잎으로 떡갈나무, 상수리나무, 단풍나무처럼 쌍떡잎식물에서 볼 수 있습니다. 나란히맥은 잎맥이 나란히 배열된 잎으로 조릿대, 강아지풀, 옥수수처럼 외떡잎식물에서 볼 수 있지요.

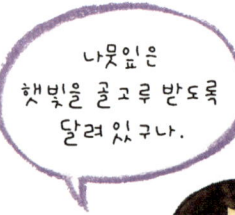
나뭇잎은 햇빛을 골고루 받도록 달려 있구나.

식물은 햇빛을 받아 양분을 만듭니다. 그러나 산이나 숲 속에는 키가 큰 나무들이 살고 있어 키 작은 나무나 풀들이 햇빛을 받기가 어려워요. 하지

■ 잎맥 모양에 따른 식물의 구분

그물맥(쌍떡잎식물)

상수리나무 잎. ⓒ Liné1@the Wikimedia Commons   단풍나무 잎. ⓒ Forest & Kim Starr@the Wikimedia Commons

나란히맥(외떡잎식물)

강아지풀. ⓒ Kurt Stueber@the Wikimedia Commons   옥수수 잎. ⓒ Nic McPhee(Unhindered by Talent@flickr.com)

만, 신기하게도 위에서 내려다보면 모든 잎이 햇빛을 골고루 받도록 나뭇잎이 달려 있습니다. 햇빛을 골고루 받아야 식물은 튼튼하게 자랄 수 있기 때문이에요.

어긋나기로 잎이 나는 느티나무. ⓒ Antoni Serra@the Wikimedia Commons

붙어 있는 모양에 따른 구분

　친구와 아카시아 잎으로 놀이를 해 본 경험이 있나요? 가위, 바위, 보를 해서 이긴 사람이 잎을 하나씩 따서 먼저 잎을 다 딴 사람이 이기는 놀이 말이에요. 아카시아 잎을 딸 때 잎이 붙어 있는 모양을 자세히 살펴보세요. 아카시아의 잎은 서로 마주보며 나 있습니다. 마디 한 개에 잎이 두 장씩 마주보고 나 있는 '마주나기'는 아카시아를 비롯해 백일홍, 패랭이꽃 등에서 볼 수 있어요. 그리고 마디 한 개에 잎이 한 장씩 어긋나게 붙어 있는 '어긋나기'는 밤나무, 벚꽃, 느티나무 잎에서 볼 수 있습니다. 또한, 마디 한 개에 잎이 세 장 이상 돌려서 나 있는 '돌려나기'는 쇠뜨기, 검정말, 삿갓나물의 잎에서 볼 수 있지요. 또, 여러 개의 잎이 짧은 줄기에 뭉쳐 나 있는 '뭉쳐나기'는 민들레, 소나무, 은행나무, 질경이의 잎에서 볼 수 있습니다.

　마주나기와 어긋나기, 돌려나기와 뭉쳐나기 등 식물의 잎이 줄기에 붙어 있는 모양을 잎차례라고 해요. 위쪽에서 내려다보면 어떤 잎차례든지 햇빛

돌려나기로 잎이 나는 쇠뜨기. ⓒ Enrico Blasutto@the Wikimedia Commons

뭉쳐나기로 잎이 나는 은행나무. ⓒ Chris Palmer(ginsnob@flickr.comz

을 골고루 잘 받을 수 있게 나 있다는 것을 알 수 있어요. 이렇게 잎이 줄기에 붙어 있는 모양이 다른 것은 햇빛을 골고루 잘 받기 위해 식물 각자가 나름대로 적응한 결과랍니다.

세상에서 가장 큰, 식물의 잎

열대 지방의 정글에서 자라는 식물 중 '큰가시연꽃'은 잎이 매우 커서 멀리서 보면 작은 배가 물 위에 떠 있는 것처럼 보여요. 이 꽃의 잎은 반들반들하고 평평한데, 가장자리는 오그라져 있어요. 오그라져 있는 높이는 약 15㎝이고 거의 직각으로 구부러집니다. 큰가시연꽃이라고 불리는 이유는 잎 뒷면에 가시 같은 붉은색 털이 나 있기 때문이지요.

큰가시연꽃은 크고 튼튼하여 몸무게가 40㎏ 정도 되는 어린이가 잎 위에 앉아도 가라앉

세상에서 가장 큰 잎을 지닌 큰가시연꽃. ⓒ pontanegra@the Wikimedia Commons

지 않는다고 합니다. 잎의 지름이 90~180㎝라고 하니 어린아이가 앉을 수 있는 공간도 충분하지요.

큰가시연꽃의 꽃은 여름철 저녁에 물 위에서 피는데, 처음에는 흰색 또는 엷은 붉은색이지만 이틀째 저녁에는 차츰 변하여 짙은 붉은색이 됩니다. 꽃도 커서 지름이 25~40㎝이고 꽃잎이 많지요.

큰가시연꽃은 1801년경 남아메리카의 볼리비아에서 처음으로 발견되었습니다. 그 이후에 아르헨티나와 아마존 강 유역에서도 발견되었는데 1836년에 영국의 식물학자 존 린들리가 빅토리아 여왕을 기념하여 빅토리아 수련이라고 불렀어요. 1849년에 영국의 원예가이자 건축가인 팩스턴이 온실에서 처음으로 인공적으로 꽃을 피우는 데 성공하여 유럽, 아시아, 아메리카의 각 지역으로 전파되었습니다.

 식물의 잎은 어떤 일을 할까요?

　식물과 동물의 다른 점 가운데 하나는 식물은 스스로 영양분을 만들 수 있지만, 동물은 나무나 풀, 열매나 고기 등을 먹고 영양분을 섭취한다는 점입니다.
　식물은 어떻게 영양분을 만들까요? 식물이 영양분을 만들기 위해서는 물과 이산화탄소 그리고 햇빛이 필요합니다. 뿌리에서 흡수한 물이 잎에

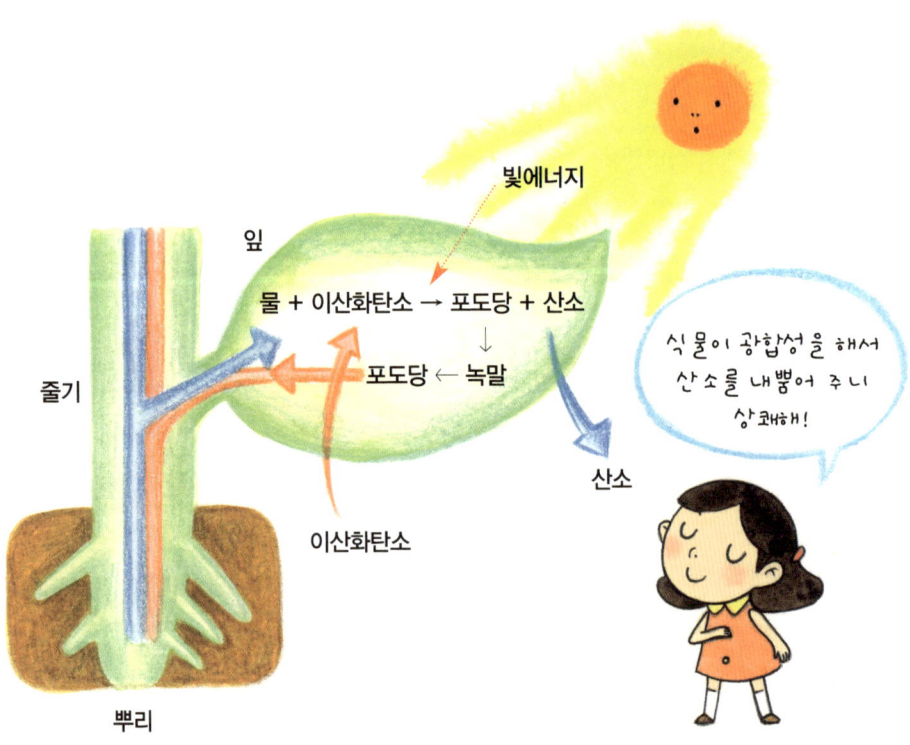

도달하면 잎에서 이산화탄소를 들이마시고 햇빛을 받아 영양분을 만듭니다. 빛을 받은 식물이 뿌리와 잎에서 흡수한 물과 이산화탄소로 녹말과 당분을 만들지요. 이러한 과정을 광합성이라고 합니다. 식물의 잎은 광합성 작용을 하는 거대한 화학 공장이라고 할 수 있어요.

이렇게 식물이 광합성을 하면 잎을 통해 산소가 공기 중으로 나오게 됩니다. 숲에 가면 상쾌한 기분이 드는 이유는 여러 식물이 광합성을 하여 산소를 많이 뿜어내기 때문이지요.

친구들과 수영장 물속에서 누가 숨을 오래 참는지 시합해 본 적이 있나요? 잠깐 동안이지만 숨 참기가 쉽지 않지요. 우리는 숨을 쉬지 않고 살 수 없기 때문입니다. 그런데 식물도 살아 있는 생명체이기 때문에 우리처럼

녹말

녹색 식물의 엽록체 안에서 광합성으로 만들어져 뿌리, 줄기, 씨앗 따위에 저장되는 탄수화물입니다. 맛도 냄새도 없는 백색 분말인데, 포도당이 여러 개 이어진 것으로 찬물에는 녹지 않습니다. 인간과 동물에게 없어서는 안 될 영양소입니다.

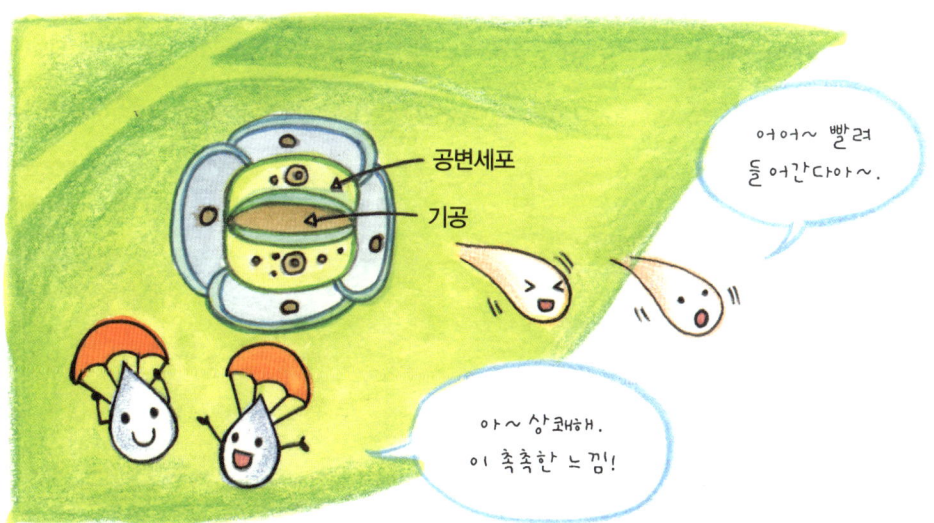

식물은 기공을 통해 숨을 쉰다.

기공

식물의 잎이나 줄기의 겉껍질에 있는 구멍을 말합니다. 광합성에 필요한 이산화탄소가 들어오고 광합성으로 만들어진 산소가 나가는 공기의 통로입니다. 또한 잎에 있는 물이 기체 상태로 나가는 증산작용도 기공에서 이루어집니다. 기공은 잎의 뒤쪽에 많으며, 빛과 습도에 따라 여닫습니다.

숨을 쉽니다. 사람은 코로 숨을 쉬는데, 식물은 어디로 숨을 쉴까요? 식물은 잎에 있는 기공이라는 곳을 통해 숨을 쉽니다. 기공은 잎의 뒷면에 있으며 입술 모양으로 생겼어요. 입술 모양을 열고 닫으면서 공기를 빨아들이고 몸에 있는 수증기를 밖으로 뿜어내기도 하지요.

식물은 햇빛이 있는 낮 동안에 광합성과 호흡을 동시에 합니다. 그런데 호흡에 이용하는 산소의 양보다 광합성을 해서 내보내는 산소의 양이 더 많아서 결과적으로 낮에는 이산화탄소를 흡수하고 산소를 내보내게 됩니다. 밤에는 햇빛이 없어 광합성을 하지 않고 호흡만 하지요. 이때는 기공을 통해 산소를 흡수하고 이산화탄소를 밖으로 내보내는 일을 합니다.

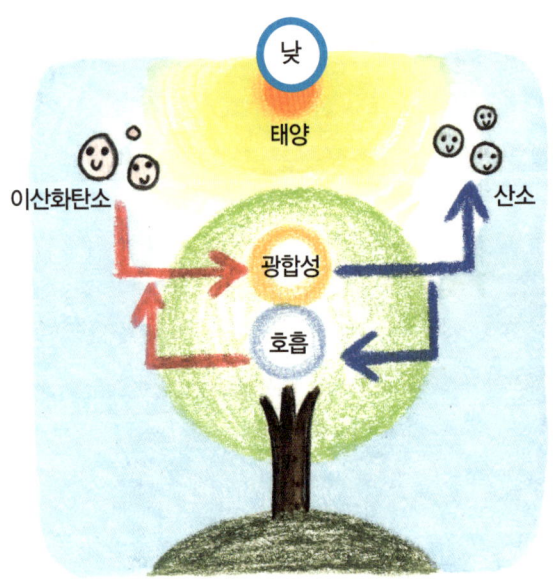

그래서 집에 식물을 두면 공기 정화도 되고 건조해지는 것도 막을 수 있습니다. 식물이 숨을 쉬면서 산소를 내보내 공기가 맑아지고, 수증기를 내보내 습도를 조절하기 때문이에요.

광합성을 하기 위해서는 물이 필요합니다. 물은 뿌리에서 빨아올려 잎까지 오게 되지요. 물이 올라오는 데는 증산작용이 일어나야 합니다. 증산작용은 기공에서 수증기를 공기로 내보내는 작용입니다. 증산작용으로 물이 부족해지면 물을 보충하기 위해서 뿌리에서 물을 빨아들여 잎까지 올라오게 하지요. 증산작용은 식물의 온도와 수분을 조절하는 역할도 합니다.

철 따라 옷을 갈아입는 잎

봄, 여름, 가을 중 어느 계절의 나뭇잎을 좋아하나요? 봄에는 연둣빛 싹이 돋아나고, 여름에는 푸른빛이 무성하고, 가을이 되면 울긋불긋 단풍이 들지요. 나뭇잎이 계절에 따라 옷을 갈아입는 이유는 무엇일까요? 나뭇잎에 들어 있는 엽록소라는 색소 때문이에요. 광합성을 많이 하는 여름에는 엽록소의 활동이 활발해져서 나뭇잎이 짙은 녹색으로 변합니다.

엽록소의 활동이 활발한 은행나무 잎. ⓒ Max Braun@flickr.com   엽록소의 활동이 활발한 단풍나무 잎. ⓒ Jami Dwyer@flickr.com

노랗게 물든 은행나무 잎. ⓒ mrhayata@flickr.com 붉게 물든 단풍나무 잎. ⓒ katrinket@flickr.com

　날씨가 추워지고 해가 짧아지면 식물의 광합성 활동이 줄어들게 됩니다. 해가 짧아지고 날씨도 추운데 계속 물을 끌어올려 광합성을 한다면 얼어 죽을 수 있으니까요. 그래서 나무는 추운 계절을 잘 견디기 위해서 광합성 활동을 멈춥니다.

　광합성을 하지 않으면 엽록소도 줄어들게 됩니다. 그렇게 되면 나뭇잎은 다른 색으로 변하지요. 이렇게 다른 색으로 변하는 이유는 나뭇잎에는 광합성을 하는 녹색의 엽록소 외에 다른 색소도 있기 때문이에요. 엽록소가 줄어들면서 잎 속에 남아 있는 다른 색소가 나타나지요. 은행나무와 생강나무는 카로티노이드라는 색소 때문에 노랗게 물들고, 단풍나무나 벚나무는 안토시안이라는 색소 때문에 색이 붉게 변합니다.

　나무는 나뭇잎을 다 떨어뜨리고 겨울을 보냅니다. 그동안 저장해 놓은 영양분으로 추운 겨울을 살지요. 그렇게 봄이 되기를 기다렸다가 봄이 되어 나무에 새싹이 자라면, 새싹의 엽록소로 다시 광합성을 하게 되고 점점 초록색으로 변하게 됩니다.

 # 줄기

《잭과 콩나무》이야기를 알고 있나요? 잭이 하늘에 있는 거인의 집까지 올라갈 수 있었던 것은 잭이 심은 콩나무의 줄기가 하늘만큼 높게 자랐기 때문이에요. 콩나무처럼 식물은 줄기가 있어서 위로 자랄 수 있습니다.

시골 길에서 만날 수 있는 식물을 떠올려 보세요. 괭이밥과 강아지풀, 질경이, 은행나무, 단풍나무 등을 볼 수 있지요. 강아지풀도 줄기가 있고 은행나무도 줄기가 있어서 푸르게 자랄 수 있습니다.

식물의 줄기는 풀줄기와 나무줄기로 구분할 수 있습니다. 그렇다면, 풀줄기와 나무줄기는 어떻게 다를까요? 앞에서 말한 강아지풀과 은행나무를 비교해 보세요. 풀줄기는 수분이 많아 연하고, 빛깔은 녹색을 띠어요. 그리고 대체로 굵기가 가늘지요. 나무줄기

콩나무의 줄기가 하늘까지 닿는구나. 한번 올라가 봐야지.

강아지풀의 풀줄기. ⓒ 松岡明芳@the Wikimedia Commons

은행나무의 나무줄기. ⓒ adrian_benko@the Wikimedia Commons

는 풀줄기에 비하여 단단하며 갈색을 띠고 대부분 곧게 자랍니다. 나무줄기는 햇빛이 강한 여름철에 왕성하게 성장합니다. 그리고 추운 겨울이 되면 성장을 멈추지요. 이때 나무줄기 단면에 둥근 선이 생기는데, 이 선을 '나이테'라고 합니다. 나이테를 세어 보면 나무의 나이를 알 수 있습니다.

하지만 풀에는 나이테가 없어요. 풀은 추운 겨울에는 시들고 말라 죽었다가, 다음 해 봄이 되면 씨앗이나 땅속에 있던 뿌리에서 새싹이 나오기 때문에 나이테가 생길 수 없습니다.

식물의 줄기는 다양해요

은행나무, 단풍나무, 대나무와 같이 대부분의 식물 줄기는 곧게 자라요. 하지만, 등나무나 담쟁이처럼 줄기가 하늘을 향해 곧게 서 있지 않고, 땅바닥을 기어가거나 다른 물체에 붙어서 자라는 덩굴성 식물도 있어요. 호박과 오이, 포도나무 등은 줄기에서 나온 덩굴손이 다른 나무를 돌돌 감으면서 자랍니다. 호박이나 오이를 심을 때 지지대를 세우는 까닭도 덩굴손이 감고 올라갈 수 있게 하기 위해서이지요.

덩굴손은 없지만, 등나무나 칡, 나팔꽃과 같이 줄기가 다른 나무를 감고 자라는 덩굴식물도 있어요. 덩굴식물 중 담쟁이는 줄기에서 붙임뿌리가 나와 벽이나 담장에 찰싹 달라붙어 자랍니다.

이외에도 땅바닥을 기면서 자라는 줄기도 있어요. 잔디나 딸기, 고구마 같은 식물은 줄기가 땅 위를 기는 동안 마디에서 뿌리와 잎이 나와 뻗어 가며 자랍니다. 식물이 자라는 모습은 참 다양하지요? 이렇게

나무의 나이를 알 수 있는 나이테.
ⓒ Arnoldius@the Wikimedia Commons

덩굴손

덩굴식물과 줄기가 있는 식물의 가지나 잎이 변하여 식물을 지지하기 위하여 얽히고 서로 감기는 형태를 말합니다. 줄기가 변하여 된 형태를 줄기덩굴손이라 합니다.

붙임뿌리

다른 물체에 붙어서 식물을 지지하는 뿌리를 말합니다. 부착근이라고도 합니다. 줄기로 다른 물체를 감거나 또는 덩굴손, 가시 등으로 감아서 높이 올라가는 식물에서 볼 수 있습니다. 줄기에서 많은 뿌리를 내어 다른 나무의 줄기나 바위,·벽 등에 붙는 방법도 있습니다.

다른 물체를 감고 올라가는 등나무.
ⓒ Monami@the Wikimedia Commons

덩굴손으로 감아 올라가는 오이.
ⓒ Jessie Terwilliger(Terwilliger911@flickr.com)

식물이 다양한 줄기를 갖게 된 이유는 다른 식물들과의 경쟁에서 살아남기 위해서입니다.

줄기는 어떤 일을 할까요?

　뼈가 있는 식물을 본 적이 있나요? 물론 없겠지요. 식물은 우리처럼 뼈가 있지는 않습니다. 그렇다고 곤충처럼 딱딱한 껍질이 있지도 않지요. 그러면 식물은 뼈나 딱딱한 껍질도 없이 어떻게 위로 자랄 수 있을까요? 그 이유는 바로 줄기가 지탱해 주기 때문입니다.

　식물의 줄기는 사람의 뼈와 비슷한 역할을 합니다. 우리 몸은 뼈가 지탱해 주기 때문에 뼈가 없는 몸은 상상조차 할 수 없지요. 만약 식물에게 줄기가 없다면, 식물이 위로 자라지 못해서 잎이 햇빛을 향할 수 없게 되겠지

식물의 줄기는 몸을 지탱하고 물과 양분을 운반한다.

요. 이렇게 줄기는 식물의 잎과 꽃, 열매 등이 잘 붙어 있을 수 있게 지탱하는 역할을 합니다.

또한 줄기는 물과 양분의 이동 통로 역할을 합니다. 뿌리에서 흡수된 물과 양분을 잎까지 운반하고, 잎에서 광합성으로 만들어진 양분을 각각의 저장 기관으로 옮겨 주지요. 줄기에 양분을 저장하기도 합니다. 감자는 땅

감자는 뿌리가 아닌 줄기에 양분을 저장한다.
ⓒ Radbak@the Wikimedia Commons

속에서 캐기 때문에 뿌리라고 생각하기 쉬워요. 하지만 감자는 줄기에 양분을 저장하며 자라는 덩이줄기 식물입니다. 뿌리에 양분을 저장하는 고구마와는 다르지요.

줄기는 호흡도 합니다. 큰 나무의 줄기를 살펴보세요. 울퉁불퉁하면서 갈라진 부분을 볼 수 있죠? 이곳으로 나무들이 호흡을 하지요.

 뿌리

식물은 뿌리, 동물은 다리

식물과 동물의 차이점 가운데 하나는 동물은 다리를 이용해 움직일 수 있지만, 식물은 다리로 움직일 수 없다는 점입니다. 동물은 움직여야 먹이도 찾고 잠자리도 마련할 수 있지만, 식물은 한곳에서 살아가는 데 필요한 것을 얻지요. 뿌리로 물과 양분을 빨아들이고, 태양빛을 받아 광합성을 해서 다시 양분을 만들고, 꽃을 피우고 씨앗을 맺어 자손을 퍼뜨려요. 동물처럼 다리로 움직일 수는 없지만, 뿌리를 이용해 살아가는 데 필요한 일을 합니다.

햇빛이 잘 드는 창가에 식물의 줄기를 잘라서 유리병에 꽂은 후 3분의 2 정도 물을 넣고 관찰해 보세요. 며칠 지나면 잘린 줄기 끝에서 아주 작은 뿌리가 자라는 모습을 볼 수 있을 거예요. 그렇게 시간이 지나 잘린 줄기에 뿌리가 더 많이 났다면, 화분에 옮겨 심어 보세요. 옮겨 심은 식물이 더욱 건강하게 자라는 모습을 볼 수 있을 거예요.

화분에 옮겨 심으면 식물의 뿌리는 흙에서 계속 물과 양분을 흡수하게 되지요. 게다가 흙이 식물을 잘 받치고 있게 됩니다. 식물은 동물처럼 움직일 수 없어도 뿌리를 이용해 몸을 지탱하고, 물과 양분을 빨아들이고, 꽃을 피워 열매를 맺고, 자손을 퍼뜨리는 일을 합니다.

뿌리는 어떻게 생겼을까요?

 뿌리는 식물에 따라 크기와 생김새가 다양합니다. 식물의 잎 모양이 제각각이듯이 뿌리도 여러 가지 모양이 있습니다. 무나 당근처럼 뿌리가 굵은 식물도 있고, 할아버지 수염처럼 생긴 뿌리도 있지요. 나무가 크면 뿌리는 땅속 깊이 넓은 면적을 차지하며 자랍니다.

 식물의 뿌리는 생김새에 따라 원뿌리와 수염뿌리로 구분할 수 있어요. 원뿌리는 땅속에서 곧게 자라는 하나의 굵은 뿌리를 말합니다. 원뿌리 곁에는 여러 작은 뿌리가 납니다. 원뿌리 곁으로 나온 뿌리를 곁뿌리라고 하지요. 명아주, 봉선화, 호박 같은 쌍떡잎식물이 대표적인 원뿌리 식물입니다.

 수염뿌리는 굵기가 비슷한 여러 개의 뿌리가 한 군데에서 나와 전체적인 모습이 수염처럼 생긴 뿌리예요. 벼, 잔디, 보리, 옥수수 등 외떡잎식물이 수염뿌리에 속하지요. 이렇게 식물 뿌리의 생김새는 각각 다르지만 하는

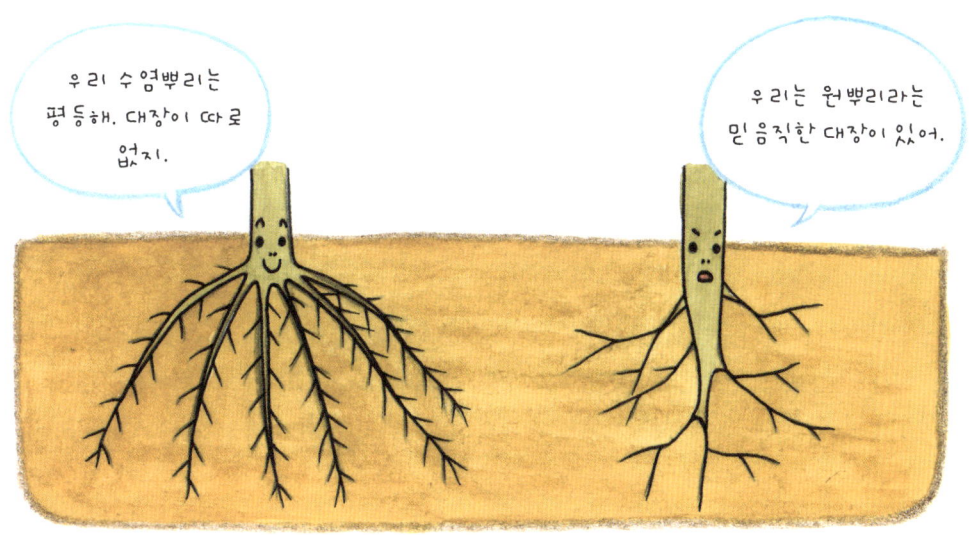

일은 결국 똑같습니다.

　우리는 다리가 굵은 사람을 놀릴 때 '무다리'라고 하지요. 무가 그만큼 굵고 통통하기 때문이에요. 무뿐만 아니라 고구마나 당근도 다른 뿌리보다 굵습니다. 이러한 식물들이 뿌리가 유난히 굵은 이유는 뿌리에 양분과 물을 저장하기 때문이에요. 이런 뿌리를 저장뿌리라고 합니다. 그리고 뿌리나 줄기 또는 잎 등이 달걀 모양처럼 커져 양분을 저장하는 식물도 있습니다. 이런 뿌리를 알뿌리 또는 구근이라고 해요. 튤립, 양파, 백합, 히아신스 같은 식

무가 다른 뿌리에 비하여 굵은 이유는 뿌리에 양분과 물을 저장하기 때문이다.

물이 대표적인 알뿌리 식물입니다.

또한, 옥수수나 수수의 뿌리처럼 아래쪽 줄기 마디에서 나온 뿌리가 땅속까지 뻗어 줄기를 지탱하는 버팀목 역할을 하는 뿌리도 있어요. 이러한 식물의 뿌리를 버팀뿌리라고 합니다. 그리고 공기 중에 뿌리를 뻗어 호흡하는 풍란이나 맹그로브의 뿌리를 호흡뿌리라고 하지요. 맹그로브는 열대 지방 해변의 진흙에서 자랍니다. 진흙 속에는 산소가 부족하기 때문에 맹그로브는 진흙이나 수면보다 위쪽으로 뿌리를 뻗어 산소를 흡수합니다.

대부분의 식물은 흙 속에 뿌리를 내리고 영양분을 스스로 만들면서 살아갑니다. 하지만 모든 식물 뿌리가 이러한 방법으로 자라는 것은 아닙니다. 다른 나무의 가지에 붙어 뿌리를 내리고 영양분을 빼앗아 먹으면서 사는 식물도 있습니다. 이런 뿌리를 기생뿌리라고 합니다. 기생식물의 뿌리는 흙 대신 자신이 살기에 적절한 다른 식물 위에서 자랄 수 있도록 식물을 지

겨우살이는 기생뿌리로 다른 식물의 영양분을 빼앗아 산다.

탱해 주지요. 대표적인 기생뿌리로는 참나무나 밤나무에 붙어 사는 겨우살이와 자운영이나 콩과 식물에 붙어 사는 새삼을 들 수 있어요.

이렇게 뿌리가 공중에 있는 식물이 있는가 하면, 물에 떠 있는 식물도 있어요. 바로 수생식물입니다. 수생식물은 호수나 연못의 표면에 떠 있습니다. 수생식물의 뿌리는 물속에서 자라기 때문에 뿌리가 한자리에서 자라는 대부분의 식물과는 달리 물결을 따라 움직일 수 있습니다. 수생식물 중에 부레옥잠은 식물이 떠다니는 것을 돕기 위해 줄기가 공기로 채워져 있습니다. 부레옥잠은 물에 잠기는 털이 많은 뿌리로 물과 영양분을 흡수합니다.

물결을 따라 뿌리째로 움직이는 부레옥잠.

뿌리는 어떤 일을 할까요?

여러분은 집이나 교실에서 화초를 키우나요? 그러면 물을 일주일에 몇 번 주나요? 무더운 여름날 마당에 있는 화분에 물을 하루나 이틀 정도 주지 않으면 식물은 말라 죽게 됩니다. 뿌리에 물이 공급되지 못했기 때문이지요.

뿌리는 물과 양분을 흡수하는 일을 합니다. 뿌리에서 흡수한 물은 잎까지 전달되고, 잎에서는 햇빛을 받아 식물이 성장하는 데 필요한 양분을 만듭니다.

인삼은 뿌리에 많은 양분이 저장되어 있어, 사람들은 다양한 방법으로 인삼을 먹는다.
ⓒ Richardfabi@the Wikimedia Commons

　세찬 바람이나 태풍이 불어도 식물이 쓰러지지 않는 이유는 바로 뿌리가 식물의 지지대 역할을 하고 있기 때문입니다. 식물의 뿌리가 넓은 면적에 걸쳐 땅속 깊이 식물의 몸을 고정하고 있어서 쉽게 넘어지지 않습니다.

　우리나라의 인삼은 몸에 좋기로 유명하지요. 인삼이나 도라지는 뿌리에 양분이 저장되어 있습니다. 식물은 잎에서 만들어진 양분을 녹말 또는 다른 물질로 바꾸어 뿌리에 저장합니다. 이렇게 뿌리는 양분을 저장하는 역할도 합니다.

　또한 뿌리는 호흡도 할 수 있습니다. 산소가 부족하기 쉬운 진흙이나 물속에 뿌리를 내린 식물 가운데 일부는 뿌리를 땅이나 물 밖으로 뻗어서 호흡합니다. 잎으로만 호흡하지 않고 호흡뿌리로도 호흡을 하는 식물에는 맹그로브와 낙우송이 있습니다.

새끼를 낳는 나무

인도네시아를 비롯해 동남아시아와 카리브 해의 섬 지방, 미국 플로리다 주 남부 해안 지대에는 맹그로브라는 나무가 무성하게 자라고 있습니다.

맹그로브가 사는 곳은 공기가 습하고 바닥이 진흙으로 되어 있는 곳입니다. 바닥이 진흙이라면, 땅으로 산소가 공급되지 않겠지요? 그래서 맹그로브는 수면 위로 문어 다리 모양의 뿌리를 뻗어 호흡합니다.

맹그로브는 번식하는 방법도 특이합니다. 나뭇가지의 가장자리에 생긴 새끼 나무를 바닷물에 떨어뜨려 번식하지요. 나무도 새끼를 낳는다는 사실이 정말 놀랍지요?

문제 1 식물이 살아가는 데에 식물의 잎은 어떤 역할을 할까요?

문제 2 은행나무나 단풍나무처럼 줄기가 곧게 자라는 식물 외에 또 어떤 모습의 줄기를 지닌 식물이 있나요?

3. 뿌리는 땅속 양분들을 흡수하여 잎을 틔웁니다. 뿌리에서 흡수된 물과 양분을 잎에까지 운반하는 역할을 하는 것 또한 줄기입니다. 잎은 태양에너지를 받아 사진작용을 하지 않는 식물이 있을까요? 대부분의 식물은 사진작용을 하지만 기생식물이나 부생식물처럼 다른 식물에게 영양분을 얻어 살아가는 식물도 있답니다.

문제 3 식물에서 뿌리는 어떤 일을 할까요?

_____

_____

_____

_____

정답

1. 식물의 뿌리는 빨아들인 물에 있는 이리저리로 뒤엉키며 흙을 움켜쥐고 식물이 쓰러지지 않도록 식물체를 지탱해 줍니다. 또 땅속의 물을 빨아들이고 양분을 저장하는 일도 합니다. 그리고 양분을 저장하는 기능을 이용해 대파를 심기도 합니다.

2. 대부분의 식물 뿌리 끝에는 솜털처럼 작고 가는 뿌리털이 나 있습니다. 뿌리털은 흙 속에서 물과 양분을 잘 흡수합니다. 당근과 무처럼 굵기가 굵고 곧게 자라는 곧은뿌리와 파나 양파처럼 굵기가 비슷한 뿌리가 수염처럼 많이 난 수염뿌리가 있습니다. 이와같이 종류에 따라 뿌리의 모양이 서로 다르지만, 땅속으로 뻗어 있고 땅속의 물을 빨아들여 식물 몸에 필요한 양분을 만든다는 공통점이 있지요.

관련 교과
초등 5학년 1학기 3. 식물의 구조와 기능
초등 5학년 2학기 3. 열매

3. 번식을 담당하는 꽃

계절마다 아름다운 꽃이 여기저기 피어나요. 산수유나 매화처럼 봄에 피는 꽃이 있는가 하면, 여름에 피는 꽃도 있고 가을에 피는 꽃도 있어요. 꽃은 바람이나 동물, 사람의 도움을 받아서 꽃가루받이를 합니다. 꽃가루받이가 이루어지면 식물은 열매를 맺고 열매 속 씨앗으로 번식을 하지요. 식물 가운데 번식을 담당하고 있는 꽃에 대해서 자세히 알아볼까요?

꽃의 생김새와 하는 일이 궁금해요

꽃은 씨앗을 맺는 생식기관으로, 꽃가루받이에 필요한 암술과 수술, 이들을 보호하는 꽃잎과 꽃받침으로 구성되어 있어요. 꽃잎은 암술과 수술을 보호하며, 꽃가루받이를 도와주는 곤충을 유인합니다. 꽃잎의 빛깔이 아름답고 향기로운 이유가 바로 곤충을 유인하기 위해서이지요.

수술은 꽃가루가 담긴 꽃밥과 꽃밥을 지탱하는 수술대로 이루어져 있습니다. 암술은 수술에 비해 길이가 길고 꽃가루를 묻혀 씨를 맺을 수 있도록 하는 암술머리와 이를 지탱하는 암술대로 구성되어 있어요.

꽃잎이 아름답고 향기로운 이유는 곤충을 유인하기 위해서구나!

암술대를 따라 내려가면 씨방이 있어요. 씨방은 꽃가루받이로 생긴 씨를 보호해 주는 곳입니다. 꽃을 받치는 꽃받침은 꽃잎이 떨어지는 것을 막아 주는 역할을 합니다.

동물은 움직일 수 있어서 짝을 찾아 이동하고 마음에 드는 짝을 만나면 짝짓기를 통해서 번식할 수 있지요. 그러면 움직일 수 없는 꽃은 어떻게 짝짓기를 할까요? 해답은 '꽃'에 있답니다. 향기를 뿜어내는 아름다운 꽃이 하는 일 중에 가장 중요한 일은 바로 식물의 생식기관 역할이에요.

　식물은 꽃을 피우고 수술에서 꽃가루를 만들어 바람이나 곤충 등의 도움을 받아 암술머리로 옮깁니다. 그렇게 암술머리에 옮겨진 꽃가루는 암술대를 뚫고 씨방으로 내려가 씨방에 있는 밑씨와 만나 결합합니다. 이러한 과정을 '수분' 또는 '꽃가루받이'라고 하지요. 이렇게 수분이 된 후 얼마 지나지 않아 꽃잎이 시들면, 밑씨는 씨앗이 되고 씨방은 열매가 됩니다. 이렇게 만들어진 씨앗이 종자가 되어 계속해서 번식할 수 있게 됩니다.

　수분이 이루어지는 방법에는 여러 가지가 있습니다. 곤충이나 바람, 물에 의해서 수분이 이루어지지요. 곤충이 별로 없을 때는 사람이 수분해 주는 경우도 있습니다. 화려한 꽃을 피우는 식물이 수분할 때는 대부분 곤충이 도와줍니다. 이렇게 곤충에 의해 꽃가루가 옮겨지는 식물을 '충매화'라고 합니다. 식물이 화려한 꽃을 피우고 향기를 내는 이유는 곤충을 유인하

복숭아꽃은 충매화로 곤충의 도움을 받아 수분한다.
ⓒ Victoria@the Wikimedia Commons

바람에 날리는 소나무 꽃가루.
ⓒ anselm@flickr.com

여 수분이 잘 되게 하기 위해서이지요. 꽃은 저마다 색깔, 모양, 향기가 다릅니다. 자신이 좋아하는 곤충을 유인하기 위해 그 곤충이 좋아하는 색깔과 향기를 갖습니다. 따라서 꽃에 따라 날아오는 곤충도 정해져 있습니다. 호박꽃에 호박벌이 날아오는 이유도 호박벌이 호박꽃의 향기와 색깔에 반응하기 때문이지요. 충매화에는 개나리, 나팔꽃, 복숭아꽃, 백합 등이 있습니다.

봄철에 주차되어 있는 차에 뿌연 먼지 같은 가루가 내려앉은 모습을 본 적이 있나요? 뿌옇게 내려앉은 가루는 먼지가 아니라 소나무의 꽃가루입니다. 소나무는 꽃가루가 가벼워 바람에 날려 수분이 이루어지는 '풍매화'입니다. 풍매화의 꽃가루는 바람에 날려서 멀리까지 날아가야 하기 때문에 가볍고 매끄럽습니다. 보통 암꽃과 수꽃으로 나뉘어 있으며, 꽃이 한 그루의 다른 위치에 있거나 아예 다른 그루에 붙어 있기도 합니다. 수꽃의 수술과 암꽃의 암술은 바람을 잘 받을 수 있도록 밖으로 튀어나와 있습니다. 바람에 날아오는 꽃가루가 붙기 쉽도록 암술머리는 솔이나 깃털 같은 모양을 하고 있어요. 대표적인 풍매화로는 소나무, 옥수수, 은행나무가 있습니다.

　곤충이나 바람이 아닌 새에 의해 수분이 이루어지는 꽃도 있습니다. 우리나라 남쪽에서 봄소식을 가장 먼저 알리는 동백꽃은 동박새에 의해 수분이 이루어지는 '조매화'입니다. 겨울이 가고 봄이 시작될 때는 아직 추워서 곤충이 드물기 때문에 새가 수분을 도와줍니다. 대부분의 조매화는 꽃이 크고 화려하게 생겼어요. 열대 지방의 식물인 바나나, 파인애플, 선인장 등이 꽃이 크고 화려한 조매화입니다.

　그러면 수중식물에서는 어떻게 수분이 이루어질까요? 수중식물은 물에

서 살기 때문에 흐르는 물에 의해 수분이 이루어집니다. 물의 도움을 받아 수분을 하는 식물을 '수매화'라고 하지요. 대표적인 수매화로는 물수세미, 검정말, 붕어마름이 있습니다.

  또한 곤충이 별로 없어 사람 손에 의해 수분이 이루어지는 경우도 있습니다. 비닐하우스에서 재배되는 식물은 사람이 붓으로 꽃가루를 옮겨 주기도 하지요. 이렇게 사람이 수분을 직접 해 주는 방법을 '인공수분'이라고 합니다.

꽃의 분류

우리 주변에는 다양하고 많은 꽃이 있습니다. 수많은 꽃을 분류하는 방법도 여러 가지가 있습니다. 색깔에 따라서 분류할 수도 있고, 꽃의 구성 요소를 갖추고 있는지 아닌지에 따라서도 분류할 수 있어요. 그리고 꽃잎의 형태와 꽃이 피는 계절에 따라서도 분류할 수 있습니다.

꽃의 색깔이 다양하고 화려한 이유는 앞에서 이야기했듯이 수분을 도와줄 곤충을 유인하기 위해서입니다. 꽃의 색깔은 노란색, 붉은색, 푸른색, 흰색으로 나눌 수 있어요. 이렇게 제각기 색이 다른 이유는 꽃의 색을 결정하는 카로티노이드와 안토시안, 같은 색소와 공기의 영향 때문입니다.

노란색 꽃은 꽃잎에 들어 있는 카로티노이드라는 색소의 영향을 받습니다. 당근이 붉은색, 귤이 노란색을 띠는 것도 카로티노이드라는 색소 때문이지요. 노란색 꽃이 피는 식물로는 해바라기, 민들레, 호박과 운동장이나

해바라기는 카로티노이드 색소의 영향을 받아 노란색을 띤다.

산성에서 붉은빛을 띠는 안토시안 색소의 영향을 받아 분홍빛이 나는 진달래. ⓒ Taehoon Kang(flowerguy @flickr.com)

알칼리성에서 푸른빛을 띠는 안토시안 색소의 영향을 받아 푸른빛이 나는 닭의장풀.

화단에서 볼 수 있는 괭이밥 등이 있습니다.

붉은색 꽃은 안토시안이라는 색소의 영향을 받습니다. 우리는 앞에서 가을에 단풍나무가 붉게 물드는 이유에 대해 알아보았지요? 엽록소가 줄어들면서 숨어 있던 안토시안 색소가 보이기 때문이라고 배웠습니다. 그런데 여러분은 혹시 여름철에 샐비어 꽃을 따서 꿀을 빨아 먹거나 꽃잎을 먹어 본 적이 있나요? 혹은 봄철에 산에 올라가서 진달래꽃을 따서 먹어 본 경험이 있나요? 진달래 꽃잎을 따서 먹어 보면 어떤 맛이 날까요? 달콤한 맛이 날 것 같지만 실제로는 신맛이 나요. 그 이유는 진달래 꽃잎을 이루고 있는 세포가 산성을 띠고 있기 때문입니다.

안토시안 색소는 산성에서 붉은빛을 띠는 성질이 있습니다. 그리고 알칼리성에서는 푸른빛을 띠는 성질이 있지요. 우리 주변에서 흔히 볼 수 있는 붉은색 꽃으로는 장미, 카네이션, 철쭉, 튤립 등이 있어요. 푸른색 꽃이 피는 식물로는 닭장 주변에 피는 닭의장풀, 나팔꽃, 도라지, 붓꽃 등이 있지요.

그러면 화려함과는 거리가 먼 흰색 꽃은 왜 하얗게 보일까요? 흰색 꽃에는 카로티노이드나 안토시안 같은 색소가 없습니다. 꽃잎에 들어 있는 공기가 빛을 받아 하얗게 보입니다. 흰색 꽃으로는 무꽃, 흰색 국화, 마거리트 등이 있어요.

색소가 없어 꽃잎 속 공기와 빛이 만나 하얀빛을 띠는 마거리트. ⓒ Alchemist-hp@the Wikimedia Commons

민들레는 꽃잎, 꽃받침, 암술, 수술을 모두 갖추고 있다.　툴립은 꽃받침이 없어 안갖춘꽃이다.
ⓒ amogrr@the Wikimedia Commons

　공원에서 노란 민들레를 관찰해 보세요. 민들레를 자세히 살펴보면 꽃잎과 꽃받침, 암술과 수술을 볼 수 있어요. 이렇게 꽃의 구성 요소인 꽃잎과 꽃받침, 암술과 수술을 모두 갖추고 있는 꽃을 '갖춘꽃'이라고 하고, 구성 요소 중 한 가지라도 갖추지 않은 꽃을 '안갖춘꽃'이라고 합니다. 갖춘꽃으로는 민들레, 개나리, 봉선화 등이 있고, 안갖춘꽃으로는 툴립, 벼, 보리, 갈대 등이 있어요.

　이번에는 꽃잎의 생김새로 꽃을 분류해 볼까요? 장미꽃같이 꽃잎이 한 장 한 장 떨어지는 꽃을 '갈래꽃'이라고 합니다. 갈래꽃은 꽃잎이 여러 장으로 나누어진 꽃이지요. 벚꽃, 무꽃, 매화, 배꽃 등이 있어요. 그러면 나팔꽃처럼 꽃잎이 하나로 붙어 있는 꽃은 무엇이라고 할까요? 바로 '통꽃'이라고 합니다. 백합, 메꽃, 개나리, 해바라기, 민들레가 통꽃에 속합니다. 해바라기나 민들레, 국화는 얼핏 보기에는 꽃잎이 여러 장인 갈래꽃처럼 보

장미는 꽃잎이 한 장씩 떨어지는 갈래꽃이다.
ⓒ Mrmariokartguy@the Wikimedia Commons

나팔꽃은 꽃잎이 하나로 붙어있는 통꽃이다.

이지만, 사실은 여러 개의 꽃이 모여 한 송이의 꽃을 이루고 있기 때문에 통꽃으로 분류합니다. 해바라기 씨앗을 간식으로 먹어 본 적이 있지요? 해바라기 씨앗은 해바라기 꽃의 중심 부분에 맺힙니다. 씨앗이 맺힌 곳에 있는 여러 작은 꽃은 씨방이 있어 열매를 맺을 수 있는 통꽃이에요. 해바라기의 가장자리에 있는 노랗고 커다란 꽃잎은 가짜 꽃잎이나 다름없습니다. 가장자리의 꽃잎은 단지 곤충을 유인하는 역할만 합니다.

　꽃이 피는 계절에 따라 분류할 수도 있습니다. 봄에 피는 꽃으로는 진달래, 개나리, 벚꽃, 배꽃, 살구꽃, 매화, 목련, 장미, 모과, 민들레 등이 있어요. 여름에 피는 꽃으로는 패랭이꽃, 수국, 모란, 메밀, 채송화, 무궁화, 옥잠, 백일홍, 유자꽃, 맨드라미 등이 있습니다. 가을에 피는 꽃으로는 국화, 코스모스, 해바라기 등이 있지요. 겨울에는 피는 꽃으로는 설중매, 금잔화, 수선화, 동백꽃, 군자란 등이 있습니다.

일생에 단 한 번 꽃을 피우는 식물

식물은 번식을 위해 계속해서 꽃을 피웁니다. 그런데 대나무는 일생을 마감할 때 단 한 번 꽃을 피웁니다. 대나무 숲에서 꽃이 피고 난 다음 해에는 대나무가 사라지지요.

대나무의 꽃은 잎이 돋는 자리에 피기 때문에 꽃이 피면 잎이 날 자리가 없어집니다. 잎이 있어야 광합성을 해서 양분을 만드는데, 잎이 없으면 양분을 만들지 못합니다. 양분이 모자란 대나무는 시들어 죽고 말지요. 대나무가 꽃을 피울 때는 뿌리를 내린 땅에서 더 이상 빨아들일 양분이 없을 때입니다. 죽기 직전에 꽃을 피우는 대나무는 어떻게 번식을 할까요? 대나무는 땅속줄기로 번식을 합니다. 줄기 마디마디에서 싹이 나와 그 숫자를 늘려 가지요.

대나무는 생을 마감하기 직전에 꽃을 피운다. ⓒ IRRI Images@flickr.com

# 씨앗과 열매

식물은 동물과 달리 움직일 수 없어서 자손을 번식할 때도 다른 동물이나 바람의 도움을 받습니다. 민들레나 박주가리, 개망초의 씨앗은 가볍고 솜털 같은 갓털이 있어 바람에 의해 멀리 날아갈 수 있습니다. 도깨비바늘이나 도꼬마리 씨앗처럼 씨 끝에 뾰족한 갈고리가 있어서 동물의 몸에 붙어 옮겨지는 씨앗도 있지요.

꼬투리가 터지며 씨앗을 퍼뜨려 번식하는 식물도 있습니다. 손톱에 붉은빛을 물들일 때 쓰이는 봉선화 꼬투리에 살짝 손을 대면 꼬투리가 터지면서 씨앗이 퍼집니다. 이렇게 꼬투리를 터뜨려 번식하는 식물에는 콩, 괭이밥, 제비꽃, 참깨 등이 있습니다.

갓털

국화과 식물 등의 씨방의 윗부분에 붙어 있는 털 모양의 돌기를 말합니다. 관모라고도 부르지요. 꽃받침조각이 변형되어 만들어졌다고 추측됩니다. 짧은 모양, 긴 모양, 흰색, 갈색 등 여러 가지가 있습니다. 도깨비바늘처럼 굵은 가시 모양으로 생긴 갓털도 있습니다. 갓털은 식물의 종류를 구별하는 중요한 특징입니다.

민들레 씨앗은 솜털 같은 갓털로 바람을 타고 멀리 날아간다.

도깨비바늘 씨앗은 갈고리로 동물의 몸에 붙어 옮겨진다. ⓒ Leoadec@the Wikimedia Commons

과일 같은 열매는 익게 되면 동물의 눈에 잘 띄어 동물의 먹이가 됩니다. 동물은 먹음직스러운 과일을 먹고 씨앗은 배설합니다. 과일나무는 이렇게 동물의 몸에서 배설된 씨앗을 통해 종족을 번식시킵니다. 물에 떠서 퍼지는 씨앗도 있습니다. 연꽃이나 수련은 물에 떠다니면서 번식을 합니다.

　식물의 씨앗이 멀리 퍼지려고 하는 이유는 같은 종류의 식물이 한 장소에서 자라기 위해서는 치열한 경쟁을 치러야 하기 때문입니다. 땅속의 양분이나 물, 햇빛 등을 충분히 공급받기 위해 자신의 종족이 있는 곳에서 멀리 떨어지려고 합니다.

2,000년 전의 씨앗에서 싹이 났어요

지난 2005년에 이스라엘 과학자들이 무려 2,000년 전의 것으로 추정되는 대추야자 씨앗을 싹 틔우는 데 성공했어요. 과학자들이 싹 틔운 대추야자는 지금도 무럭무럭 자라고 있다고 합니다. 오래된 씨앗을 싹 틔우는 데에 성공하여 식물의 오래된 종자를 보관하는 방법을 밝혀낼 수 있었고, 유전학 연구에도 도움이 되었습니다.

2,000년 만에 깨어난 씨앗은 1960년대 초 이스라엘 마사다 유물 발굴 현장에서 다른 씨앗과 함께 발견되었습니다. 처음에는 다른 종류의 씨앗과 함께 발견되어서 정확하게 어떤 나무인지 몰랐지만 나무가 자라면서 대추야자라는 사실을 알게 되었지요. 대추야자는 북아메리카를 비롯하여 사막 지역에서 주로 자라는 식물로 사막을 오가는 사람들에게 식량과 치료제로 사용됩니다.

대추야자는 사막 지역에서 주로 자란다.
ⓒ Ximonic@the Wikimedia Commons

문제 1 식물의 꽃이 하는 가장 중요한 역할은 무엇인가요?

문제 2 수분이 이루어지는 방법에는 무엇이 있나요?

3. 민들레나 개망초꽃 같이 솜털이 있어서 바람을 타고 멀리 날아갈 수 있습니다. 세 번째 예쁜꽃이 정리되는 방법은 꽃가루가 가벼워서 바람에 날려 퍼지는 풍매화입니다. 벼나 보리, 옥수수가 여기에 속합니다. 두 번째는 벌이나 나비 같은 곤충에 의해 꽃가루가 옮겨지는 충매화가 있습니다. 우리가 아는 대부분의 꽃들이 여기에 속합니다. 꽃에 벌이나 나비가 오는 이유도 바로 이 때문입니다.

문제 3 식물은 어떤 방법으로 씨앗을 퍼뜨릴까요?

정답

1. 꽃이 피는 가장 중요한 이유는 생식기관인 꽃에서 씨앗이나 열매를 만들기 위해서입니다. 수술에서 꽃가루가 만들어지고, 암술머리에 꽃가루가 묻어 수정이 되면 씨방이 자라서 열매가 되고, 밑씨가 자라서 씨앗이 됩니다.

2. 수분이 이루어지는 여러 가지가 있어요. 풀이나 작은 꽃들의 대부분은 곤충이 수분합니다. 곤충이 좋아하는 꽃을 가지고 있는 식물을 충매화라 하고, 꽃가루가 가벼워서 바람에 날려 수분을 이루는 식물을 풍매화라 합니다. 수중식물은 물을 통해 꽃가루가 이동하기도 하며, 사람이 직접 해 주는 인공수분도 있습니다.

관련 교과
초등 4학년 1학기 3. 식물의 한살이
초등 4학년 2학기 1. 식물의 세계
초등 5학년 2학기 1. 환경과 생물

4. 다양한 식물

지구에는 수많은 식물이 살고 있어요. 남극이나 북극, 사막, 열대 우림 지역 등 장소를 가리지 않고 터를 잡고 자라지요. 어떤 식물은 잎의 모양이 바늘처럼 뾰족하게 생겼고 또 어떤 식물은 입이 넓적하게 생겼어요. 바위나 땅에 붙어서 자라는 식물, 키가 크게 자라는 식물 등 제각각 처한 환경에 적응하며 다양한 모습으로 오랜 세월을 살아왔습니다.

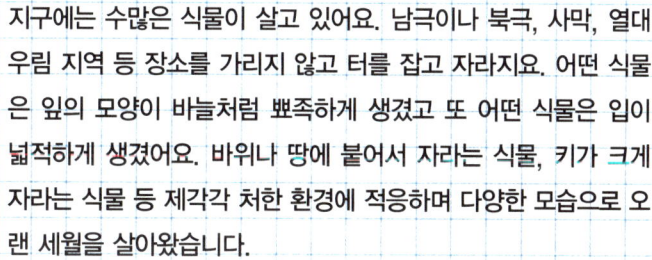

식물은 어디에서나 자랄 수 있나요?

우리나라는 사계절에 따라 날씨 변화가 뚜렷합니다. 이런 기후를 온대기후라고 합니다. 세계에는 1년 내내 더운 열대기후를 가진 매우 덥고 건조한 사막도 있고, 북극이나 남극처럼 1년 내내 계속 추운 곳도 있습니다. 우리가 사는 지구의 기후는 참 다양하지요.

세상에 살고 있는 수많은 식물은 오랜 시간 동안 자기가 살고 있는 곳의 기후에 적응하며 지금까지 살아왔습니다.

아프리카와 아마존 강 주변이나 동남아시아 지방은 1년 내내 덥고 비가 많이 내리는 열대 지방으로 잎이 넓은 활엽수가 많이 자랍니다. 키가 큰 나무가 정글을 이루고 있지요.

매우 덥고 건조한 사막 지역에는 선인장같이 건조한 기후에 잘 적응하는 식물이 자라고 있습니다. 사막에 사는 식물은 적은 양의 물을 최대

열대 지방은 키가 큰 나무가 정글을 이루고 있다.

멕시코의 바하칼리포르니아수르 지역에 서식하는 카르돈 선인장.

못이나 늪에서 자라는 가시연꽃은 풀 전체에 가시가 있고 뿌리줄기에 수염뿌리가 많이 난다.
ⓒ Hamachidori@the Wikimedia Commons

한 활용하며 살 수 있도록 이루어져 있습니다. 선인장은 수분 손실을 줄이고, 비가 온 뒤에 충분히 물을 흡수할 수 있도록 두꺼운 껍질과 아코디언 같은 주름이 잡혀 있어요.

남극이나 북극처럼 아주 추운 지방에서는 식물이 거의 자라지 않지만, 눈과 얼음이 녹는 여름에는 이끼 같은 식물이 자랍니다.

비가 많이 내리는 우기와 비가 거의 내리지 않는 건기로 계절이 나뉘는 초원에는 넓은 잎 모양의 풀과 기다란 잎 모양의 풀이 무리지어 살고 있습니다. 비가 오는 우기에는 빠르게 자라고 비가 내리지 않는 건기에는 성장이 멈추지요.

물속, 물가나 습지, 고산지대에 사는 식물도 자기가 살고 있는 환경에 적

응하여 살고 있습니다. 물속에 사는 식물은 물의 흐름에 따라 흔들리거나 물 위를 떠다니며 살아갑니다. 몸 전체에서 물과 양분을 흡수하지요. 물가나 습지에 사는 식물은 줄기를 길게 내려 뿌리를 물 밑 흙 속에 내리고 자랍니다. 육상식물은 뿌리를 통해 수분과 양분을 흡수하고 땅속 깊이 뿌리를 내리지만 수중식물은 온몸으로 수분을 흡수하고 뿌리를 얕게 내리는 대신 잔뿌리가 많습니다. 수중식물은 물에 대한 저항을 줄이기 위해 부드러운 몸체를 가지고 있어요.

고산지대는 물이 부족한 곳이 많아서 물을 찾아 흡수하는 것이 매우 중요합니다. 고산지대에 사는 식물은 뿌리가 잘 발달되어 있습니다.

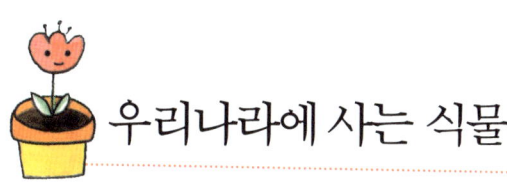
우리나라에 사는 식물

우리나라는 북쪽에서 남쪽으로 내려오면서 냉대, 온대, 난대의 기후가 나타납니다. 그래서 살고 있는 식물의 종류도 여러 가지입니다.

냉대 지역인 백두산과 개마고원은 1년 동안의 평균 기온이 6°C밖에 되지 않는 추운 곳입니다. 그래서 이곳에는 추위에 강한 가문비나무와 전나무 같은 침엽수가 자라지요.

북부 지방과 중부 지방, 남부 지방은 온대기후라 1년 동안의 평균 기온이 12°C 정도입니다. 이곳에서는 신갈나무, 참나무, 잣나무, 소나무 같은 낙엽활엽수와 침엽수가 섞여 여러 종류의 나무가 다양하게 자랍니다.

그리고 날씨가 따뜻한 남부 지방 바닷가와 제주도 지방은 난대기후라서 후박나무와 동백나무 같은 늘 푸른 활엽수가 자랍니다.

다른 나라에서 볼 수 없고 우리나라에서만 볼 수 있는 진귀한 꽃도 있습니다. 이렇게 특정한 국가에서만 볼 수 있는 식물을

냉대
온대와 한대의 중간으로 위도 50~70도 사이에 있는 지역을 말합니다. 겨울은 길고 한랭하며, 여름은 짧고 비교적 온도가 높습니다.

온대
열대와 한대 사이의 지역을 말합니다. 위도상으로는 남북 회귀선인 23.5도와 남북 극권 사이에 있습니다. 사계절이 뚜렷하게 구분되며, 여름에는 덥고 겨울에는 춥습니다.

난대
열대와 온대의 중간 지대입니다. 대체로 남북 위도 각각 20~30도 사이의 지대로 건조 지역이 많습니다.

전나무는 고산식물로 바늘처럼 뾰족한 잎을 가진 침엽수다.
ⓒ Margaret Anne Clarke@flickr.com

소나무는 중부 지방에서 많이 볼 수 있으며, 나무껍질이 하얗다.
ⓒ Steve & Jemma Copley@flickr.com

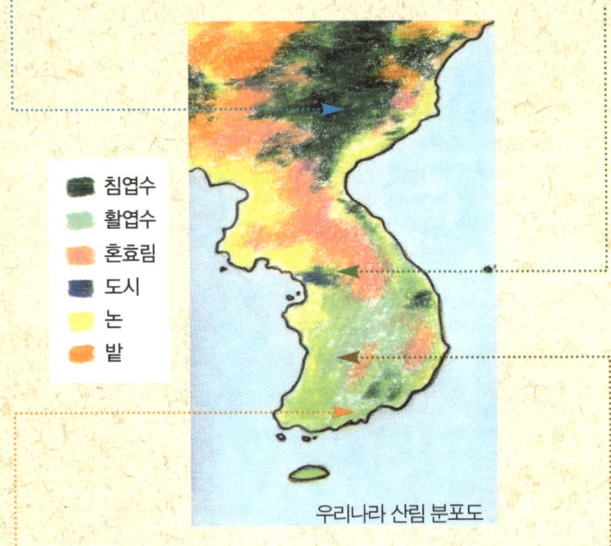

우리나라 산림 분포도

동백나무는 잎이 긴 타원형이며, 봄에 붉은 꽃이 핀다. ⓒ Lee Coursey@flickr.com

후박나무는 따뜻한 곳에서 자라며, 노란빛을 띤 초록색 꽃이 핀다.
ⓒ Dalgial@the Wikimedia Commons

'특산 식물'이라고 합니다. 우리나라에는 407종의 특산 식물이 있습니다. 특산 식물이 보호받고 있지요. 특산 식물은 평야보다는 한라산, 지리산, 백두산과 같은 산지나 섬 지역의 독립된 환경에서 자랍니다.

옆의 꽃 사진을 자세히 보세요. 우리가 알고 있는 어떤 꽃과 비슷한가요? 바로 개나리꽃입니다. 이 식물의 이름은 미선나무입니다. 우리나라 충청북도 괴산군과 진천군 일대에서 볼 수 있고, 돌밭이나 척박한 환경에서 자라는 조금 특이한 식물입니다.

미선나무는 우리나라에서만 자라는 특산 식물이다.
ⓒ sharon_k@flickr.com

금강산에서 발견했다고 해서 금강초롱이라고 불리는 꽃도 우리나라에서만 볼 수 있는 특산 식물이에요. 금강초롱은 치악산, 오대산, 설악산 등 중부 지방의 높고 깊은 산에서 보랏빛 꽃을 피웁니다. 그 외에도 특산 식물로는 히어리, 바람꽃, 한라개승마 등 많은 식물이 있습니다.

특산 식물은 자라는 지역이 한정되어 있어 환경이 오염되면 멸종하기도 합니다. 특산 식물이었던 북한산의 산개나리나 남산의 서울 단풍은 지금은 거의 찾아보기 힘들지요. 이런 일이 다시는 일어나지 않게 우리는 특산 식물을 소중하게 여기고 잘 가꾸며 보존해야 합니다.

특산 식물 중에 원예 식물로 가치 있는 종은 외국 사람들의 관심을 받기도 합니다. 이런 식물이 외국으로 유출되어 원예종으로 개발되면, 우리나

라에서 자라던 특산 식물이었어도 비싼 돈을 주고 역수입해야 합니다. 그렇게 되면 우리는 경제적으로도 손해를 보게 되는 셈입니다.

   특산 식물은 우리 땅에서 자라는 식물이기 때문에 키우고 관리하기가 쉽다는 장점과 함께 우리 몸에 맞는 여러 가지 좋은 물질을 얻을 수 있는 가능성이 높습니다. 그리고 다양한 종류의 식물이 있는 것이 환경을 보존하고 가꾸는 데에 도움이 됩니다.

식물도 이민을 와요

고려 시대 학자였던 문익점은 중국에 사신으로 다녀오면서 붓대에 목화씨를 몰래 숨겨 들여왔어요. 그래서 우리나라 사람들도 좋은 목화솜을 쓸 수 있게 되었지요.

이처럼 다른 나라에서 자라던 식물이었다가 우리나라로 들어오게 된 식물을 귀화식물이라고 합니다. 귀화식물은 어떻게 해서 우리나라에 오게 되었을까요? 씨앗이 바람에 날려 오거나, 사람의 물건과 동물에 붙어서 옮겨져 오는 경우가 많습니다. 그리고 가축 사료로 쓰이는 식물과 예쁜 꽃을 피우는 식물 등은 필요에 따라 일부러 들여오기도 하지요.

대표적인 귀화식물로는 돼지풀, 서양 민들레, 개망초, 토끼풀, 데이지, 캐나다 단풍나무 등이 있습니다. 거름이 부족한 땅에서도 잘 자라고 오염된 환경에도 강한 캐나다 단풍나무는 가로수로 많이 심어져 있습니다.

돼지풀은 북아메리카가 원산지이다. ⓒ Dalgial@the Wikimedia Commons

개망초는 북아메리카가 원산지다. ⓒ Tigerente@the Wikimedia Commons

데이지의 원산지는 유럽이다. ⓒ Grand-Duc@the Wikimedia Commons

 이런 식물도 있어요

세상에서 가장 거대한 꽃, 라플레시아

꽃 중에서 가장 큰 꽃은 무엇일까요? 우리가 잘 알고 있는 여름에 피는 해바라기가 가장 큰 꽃일까요? 세상에서 가장 큰 꽃은 동남아시아의 보르네오 섬에서 자라는 라플레시아 꽃이에요. 라플레시아 꽃의 지름은 1m이고 둘레는 3m이며 무게는 8kg입니다. 정말 어마어마하게 크지요?

라플레시아는 잎과 줄기가 없고 다른 덩굴식물의 뿌리에 붙어서 꽃만 피우면서 삽니다. 그리고 라플레시아는 고기가 썩을 때 나는 냄새를 풍겨 다른 동물이나 사람들이 꺾어가지 못하게 자신을 보호합니다.

다른 식물의 영양분을 빼앗아 살며 자기 주변에는 오지 못하게 나쁜 냄새를 풍기는 라플레시아는 정말 고약한 식물이지요?

라플레시아는 꽃가루받이를 하기 위해 파리가 좋아하는 고약한 냄새를 풍긴다. ⓒ Graham Racher@flickr.com

곤충을 잡아먹는 식물

대부분의 식물은 광합성을 통해 자신에게 필요한 영양분을 만들어 냅니다. 그러나 일부 식물은 광합성 능력이 부족하여 곤충 같은 작은 동물을 잡아먹어 영양분을 보충합니다.

열대 아시아와 아프리카 숲에서 자라는 식물인 네펜테스는 우리말로 벌레잡이풀이라고 합니다. 네펜테스는 이름처럼 벌레를 잡아먹고 살지요. 네펜테스 잎의 끝은 자루 모양으로 생겼고, 자루의 입구 가장자리 부분에는 꿀샘이 있습니다. 꿀샘의 달콤한 꿀로 곤충을 유인하지요. 꿀을 먹으려고 온 벌레가 미끄러져 자루 속으로 빠지면 다시는 나오지 못하고 그곳에서 죽어 네펜테스의 먹이가 됩니다.

끈끈이귀개는 잎 표면에서 끈끈한 액체가 나와서 잎에 앉은 곤충을 움직이지 못하게 합니다. 그리고 소화액으로 곤충을 녹여 몸속으로 흡수하지요.

네펜테스의 잎은 넓고, 덩굴손 끝은 주머니 모양으로 생겨 곤충을 잡아먹기에 편리하다.
ⓒ pizzodisevo@flickr.com

파리지옥은 이끼가 자라는 습지에서 잘 자란다.
ⓒ Stefano Zucchinali@the Wikimedia Commons

파리지옥은 조개처럼 생긴 두 장의 잎을 덫처럼 활짝 벌리고 있다가 파리가 꿀샘을 빨기 위해 앉으면 눈 깜짝할 사이에 잎을 닫아 벌레를 잡아먹습니다.

이끼가 좋아하는 곳

이끼는 오염되지 않은 깨끗한 곳에서 자랍니다. 이끼와 같이 한 지역의 오염된 정도나 산성도, 습도 등 환경 조건을 나타내는 데에 도움이 되는 식물을 지표식물이라고 합니다. 이끼는 공기 중의 수분을 이용하여 살아가기 때문에 환경이 오염된 곳에서는 잘 살지 못합니다.

이끼는 그늘지고 습한 곳을 좋아합니다. 그래서 햇빛을 매우 싫어하지요. 또 다른 식물이 잘 살지 못하는 척박한 땅이나 바위에서도 살아가며 흙을 거름지게 해서 다른 식물이 잘 자랄 수 있는 환경을 만들어 주기도 합니다.

문제 1 지구에는 열대기후와 냉대기후, 사막 등 다양한 기후가 있어요. 이러한 다양한 기후에는 각각 어떤 종류의 식물이 살고 있을까요?

문제 2 우리나라에는 지역에 따라 어떠한 식물이 자라나요?

3. 대체적으로 열대 지방은 아프리카와 중앙아시아, 남아메리카, 동남아시아 등의 적도 지역에 위치한 나라들이 속하고, 온대 지방은 우리나라와 일본, 중국 등 북반구의 중위도 지역에 속하며, 냉대 기후는 러시아와 몽골, 캐나다 등 북반구의 고위도 지역에 속합니다. 그리고 사막은 오스트레일리아와 이집트 등의 건조한 지역에 위치합니다.
온대 지방은 따뜻하므로 식물들이

문제 3 광합성을 하지 않고 작은 동물을 잡아먹어 영양을 보충하는 식물에는 무엇이 있고, 또 어떤 특징이 있나요?

_____

_____

_____

_____

정답

1. 열대 지방에는 양분이 특히 질소가 많습니다. 키가 큰 나무가 정글을 이루고 있어요. 사이에는 식인식물이 자라지 않지만, 곤충을 잡아먹는 아주 작은 벌레잡이나 풀 같은 식물이 자랍니다. 그러나 양분이 부족한 곳, 곧 이끼류 사이에는 이끼 같은 작은 식물이 자랍니다.

2. 벌레잡이제비꽃에는 충분히 양분 공급이 곤란하므로 잡아먹는 작은 동물 잡아먹습니다. 파리지옥, 끈끈이주걱, 벌레잡이제비꽃, 벌레잡이풀, 통발, 긴잎끈끈이주걱 등의 식인식물이 서식하며 나라가 다양하게 자라지요. 그러나 뿌리가 짧아서 재조가 자라지 못하거나 그렇지 못한 나라와 양에도 돌 같은 특별하게가 자랍니다.

관련 교과
초등 5학년 2학기 1. 환경과 생물
초등 6학년 1학기 4. 생태계와 환경
초등 6학년 2학기 3. 쾌적한 환경

5. 아낌없이 주는 식물

식물은 우리에게 많은 이로움을 주고 있어요. 지금 우리가 읽고 있는 이 책에 쓰인 종이도 식물을 이용해 만들었다는 사실을 알고 있나요? 식물은 잎, 줄기, 뿌리, 꽃, 열매 등을 아낌없이 우리에게 줍니다. 그렇다면 우리는 식물에게 받기만 해도 될까요? 아니에요. 식물이 지구에서 잘 살 수 있도록 관심을 갖고 보호해 주어야 합니다.

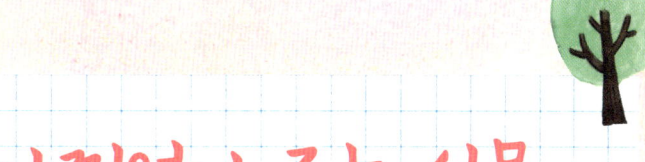

# 식물이 주는 이로움

정민이가 학교에 다녀왔더니 어머니께서 간식으로 찐 고구마와 사과 주스를 준비해 주셨어요. 고구마는 식물의 뿌리이고, 사과는 식물의 열매이지요. 우리가 매일 먹는 음식을 한번 생각해 보세요. 밥, 빵, 나물, 국, 김치 등 많은 음식이 식물로 만들어졌다는 사실을 쉽게 알 수 있습니다. 우리가 먹는 쌀은 벼의 껍질을 벗겨 낸 알맹이입니다. 우리가 먹는 딸기, 수박, 포도 등도 식물의 열매이지요. 이처럼 식물은 새와 짐승, 우리에게 먹을거리를 제공해 줍니다.

식물은 약의 원료로도 쓰입니다. 옛날에는 들에서 풀을 베다 손을 베이면 쑥을 찧어 베인 부분에 붙였어요. 그렇게 하면 피가 멈추고, 상처 치료에 도움이 되었기 때문이지요. 오늘날에도 쑥을 환으로 만들어 먹으면 위장에 좋다고 해서 어른들은 건강식품으로 많이 먹고 있어요. 한약방에서 지어 오는 약의 재료도 대부분 식물에서 얻습니다. 우리나라 인삼은 건강을 돕는 효능이 있다고 전 세계에 알려져 있습니다. 인삼은 몸의 기운을 북돋워 주는 강장제로 쓰이고 있지요. 이외에도 치료제로 쓰이는 식물은 많이 있습니다. 은행나무 잎은 혈액순환제로 쓰이고, 용담은 위장약으로 쓰입니다.

집에서 주위를 한번 둘러보세요. 눈에 보이는 가구들은 무엇으로 만들어

졌나요? 식탁, 의자, 책상, 책장 등 모두 나무로 만들어졌다는 사실을 알 수 있지요. 옛날에 궁궐이나 사찰, 한옥과 같은 건물을 지을 때는 오늘날과 달리 나무가 많이 필요했습니다. 우리나라에서 건축 자재로 많이 쓰이는 대표적인 나무는 참나무, 느티나무, 소나무예요. 모두 구하기 쉬울 뿐만 아니라 곧은줄기를 갖고 있고 잘 썩지 않는 나무이지요. 2008년에 불탄 숭례문을 복원하기 위해 금강소나무를 구한다는 뉴스를 본 적 있나요? 숭례문을 복원하려면 기둥과 보를 세울 때 지름 1m가 넘는 소나무가 필요합니다. 금강소나무는 줄기가 반듯하고 튼튼해서 옛날부

줄기가 곧아 건축재로 많이 쓰이는 참나뭇과 상수리나무.

터 건축 자재로 많이 사용되었지요.

　또한, 식물은 거대한 산소 공장입니다. 광합성을 하여 지구 온난화를 일으키는 대표적인 가스인 이산화탄소를 흡수하고, 산소를 뿜어내기 때문이지요. 지구 온난화를 예방하기 위해서는 나무를 많이 심고 잘 가꾸어야 합니다.

숲은 나무가 우거진 곳을 말합니다. 숲은 가뭄이나 홍수의 피해를 줄여 주는 역할을 해서, 숲이 울창해지면 자연재해에도 걱정이 없습니다. 큰비가 내릴 때 키가 큰 나무는 크고 긴 뿌리로 흙을 끌어안고, 작은 나무와 풀은 스펀지처럼 물을 빨아들여 땅속 깊이 물을 저장해 홍수의 피해를 막아 주지요. 그리고 가뭄이 들면 물을 끌어올려 계곡물이 마르지 않게 해 줍니다.

그뿐만이 아니에요. 식물은 땔감으로도 사용되고, 식물에서 얻은 섬유는 종이의 원료로 활용됩니다. 또 동물과 사람에게 쉴 곳을 제공해 주기도 하지요.

우리나라는 전 국토의 64%가 숲으로 이루어졌습니다. 숲이 1년 동안 베푸는 혜택을 돈으로 환산하면 국민 한 사람당 78만 원 정도로 국민 총생산의 10%에 이른다고 합니다. 이처럼 식물은 사람이나 동물에게 아낌없이 베풀고 있습니다.

식물은 사람이나 동물에게 아낌없이 배푼다.

집 안에서 식물을 기르면 이런 점이 좋아요

식물은 광합성을 할 때 잎의 기공으로 이산화탄소를 흡수하고 물과 산소를 배출해, 실내 온도와 습도를 유지합니다. 더운 여름철에는 실내 온도를 떨어뜨리고 겨울철에는 건조하지 않도록 습도를 유지해 주지요. 또한 이산화탄소를 흡수할 때, 공기 중의 오염 물질도 같이 흡수하여 실내 공기를 정화합니다.

식물을 기르면 꽃이 피는 모습 등 식물이 자라는 과정을 관찰할 수 있습니다. 씨앗이 싹을 틔우고, 잎이 자라 꽃을 피운 뒤, 열매를 맺는 모든 모습을 볼 수 있지요. 식물이 자라는 모습을 가까이에서 관찰하면 초등학교 과학 시간에 배우는 식물에 관한 내용도 쉽게 이해

할 수 있습니다.

  녹색 식물을 바라보면 몸과 마음이 안정되고, 눈의 피로를 줄일 수 있습니다. 식물이 띠는 녹색은 가시광선의 스펙트럼 가운데 사람이 가장 민감하게 반응하는 색이자 사람의 정서를 가장 평온하게 하는 색이에요. 그래서 식물의 초록 잎을 바라보면 눈도 건강해지고 정신적 안정을 취하는 데에도 매우 좋습니다.

  식물이 내뿜는 다양한 향기는 사람들에게 여러 가지 도움을 줍니다. 나쁜 냄새를 제거하거나 모기 같은 해로운 벌레의 접근을 막아 주기도 하고, 신경을 안정시켜 기분을 상쾌하게 만들기도 하지요. 또한 감기나 피부병 같은 질환을 진정시키는 효과도 있습니다.

  이뿐만이 아니라 실내에서 화분에 식물을 기르면 집 안이 아름답게 보이고 분위기가 화사해 보입니다. 식물은 대부분 꽃을 피우는데 여러 가지 화사한 색깔의 꽃은 집안을 아름답게 합니다. 식물을 화분에 심어 기르면 이러한 장식 효과가 있습니다.

식물도 힘들어 해요

식물이나 동물은 특수한 환경에서도 살고 있는 곳에 맞추어 적응하여 살고 있습니다. 그러나 환경오염으로 식물이 점점 사라지고 있고, 사람들의 무분별한 개발로 식물이 살 곳도 줄어들고 있지요. 아마존 강 밀림 지역은 '지구의 허파'라고 불릴 만큼 많은 산소를 내뿜고 있습니다. 그러나 아마존 강 유역에서 목재 산업과 목축업이 활발해지면서 숲이 점점 사라지고 있습니다. 아래 사진은 콩을 재배하기 위해 숲을 경작지로 개간하기 위해

아마존 강 밀림은 경작지로 개간되며 파괴되고 있다. ⓒ Threat to Democracy@flickr.com

아마존 강 밀림이 파괴된 모습입니다. 숲이 사라진다는 것은 식물이 사라진다는 뜻이지요. 게다가 숲이 사라지면 그곳에 사는 식물만 멸종 위기에 놓이는 것이 아니라 동물까지 위험해집니다.

우리나라도 아파트와 공장을 세우고 도로를 넓히면서 숲이 줄어들고 있습니다. 골프장을 건설하거나 산불이 나서 숲이 없어지기도 하지요. 이렇게 숲이 사라지면 그곳에 사는 식물도 멸종 위기에 놓이게 됩니다. 오늘날 우리나라에서 사라지고 있는 식물로는 미선나무, 나도풍란, 고란초, 물부추 등이 있습니다.

아마존 강 삼림 파괴 원인 중 하나는 콩 재배

　지구의 허파라고 불리는 아마존 강 삼림은 브라질 영토의 60%를 차지합니다. 서유럽 전체의 면적과 비슷하지요. 지구에 사는 동물과 식물의 30%가 이곳에 살고 있습니다.

　그런데 최근 아마존 강 삼림이 우리나라 면적만큼 사라졌다고 합니다. 그 이유 중 하나는 콩을 재배하기 위해 농장주들이 밀림에 불을 지르거나, 아름드리나무를 베고 있기 때문이에요. 브라질의 콩 생산량은 급격히 증가하여, 몇 년 후면 세계에서 콩 생산량이 가장 많은 미국의 생산량을 따라잡을 수 있을 것이라고 합니다.

　이렇게 브라질에서 콩을 많이 생산하는 이유는 최근 광우병 발생으로 가축에게 동물성 사료를 사용할 수 없게 되자 동물성 사료 대신에 콩을 사료로 쓰게 되었기 때문이에요. 게다가 인구가 많은 중국에서 육식을 즐기는 사람이 늘어나 사료용 콩의 수요는 점점 증가할 것으로 예측되고 있습니다. 세계적으로 콩 수요량이 증가한다면, 아마존 강 삼림은 지금보다 더 파괴될지도 몰라요. 콩 생산량을 늘리기 위해서 더 넓은 아마존 강 삼림이 파괴되어 아마존 강 삼림에 살고 있는 동식물의 생명도 위협받게 될 것입니다.

　아마존 강 삼림을 지키기 위해서 브라질 정부도 삼림 파괴 면적을 줄이기 위한 노력을 하고 있고, 세계적인 소고기 대기업에서도 삼림 파괴 방지 대책을 마련하도록 조치를 취하고 있습니다. 여러분도 음식은 필요한 만큼만 만들어 먹고, 나무로 만드는 물건을 아껴 쓰며, 환경에 대해 계속 관심을 가져야만 아마존 강의 삼림이 지켜질 수 있습니다.

 # 식물을 보호해야 해요

앞에서 배웠듯이 식물은 우리에게 여러 가지 도움을 주고 있어서 우리 삶과 떼려야 뗄 수 없는 관계입니다. 우리는 살아가는 데 없어서는 안 될 식물을 보호하고 아껴야 합니다. 그러면 식물을 보호하기 위해 우리가 실천할 수 있는 일을 생각해 볼까요?

먼저 식물을 아끼고 보호하는 마음을 가져야 합니다. 함부로 나무를 꺾거나 꽃이 예쁘다고 꺾으면 안 돼요. 잘 자라던 나무를 꺾으면 다시 오랜 시간을 기다려야 새로운 줄기가 나고 잎이 나옵니다. 우리는 꽃이 열매를 맺고 자손을 번식시키기 위해서 핀다는 사실을 배웠습니다. 식물의 생식기관인 꽃을 꺾으면 열매를 맺지 못하지요.

그리고 공원이나 산에 갈 때는 쓰레기를 함부로 버리지 않아야 합니다. 산에 버려진 쓰레기가 분해되는 데에는 시간이 많이 걸립니다. 그러므로 산에 올라갈 때는 쓰레기 봉지를 준비해서 그곳에 쓰레기를 담아 와야 합니다.

또, 가까운 거리는 자가용을 타지 않고, 걷거나 대중교통을 이용해서 움직여야 합니다. 대도시의 가로수 잎이 누렇게 변해 있거나 산에 있는 나무보다 잎이 빨리 떨어져 있는 것을 본 적이 있나요? 이러한 현상이 벌어지는 이유는 자동차에서 나오는 매연 가운데 이산화황이라는 성분 때문입니다. 이산화황은 색이 없는 유독성 기체로 아주 적은 양으로도 나뭇잎의 색을 누렇게 변하게 하고 식물의 성장을 느리게 합니다.

　우리는 식물 없이는 살아갈 수 없습니다. 식물이 주는 이로움과 식물을 보호하는 방법도 배웠으니 이제는 실천하는 일만 남았겠지요? 한 그루의 나무를 심고 가꾸는 작은 실천이 지구를 살린다는 사실을 명심해야 합니다. 우리의 작은 실천은 후손들에게도 살기 좋은 환경을 물려주는 일입니다.

Q&A 꼭 알고 넘어가자!

문제 1 식물은 동물과 사람에게 어떤 도움을 주나요?

문제 2 지구의 허파라고 불리는 아마존 강 유역의 삼림이 줄어드는 이유는 무엇인가요?

---

3. 많은 식물을 이용하고 파괴하는 마음을 가져야 합니다. 나무를 심거나 꽃이 예쁘다고 꺾지 않도록 해요.

2. 경제적인 이유로 아마존 강 유역의 삼림을 베거나 태워서 가꾸고 있기 때문입니다. 즉 목재 사용이나 공예 등의 생활용품 재료로 쓰기 위해 베거나 대농장을 이용해서 많은 기업들이 아마존에 들어와서 이익을 추구하는 부분 등이 있습니다.

1. 식물은 동물과 사람에게 산소를 공급하고, 먹을거리나 서식처를 제공해 줍니다. 뿌리는 깊게 자라서 흙이 유실되는 것을 막아줍니다.

문제 3 식물을 보호하기 위한 방법에는 무엇이 있을까요?

정답

1. 먼저 식물은 동물과 사람에게 먹을거리를 제공해 줍니다. 그리고 식물은 약의 원료로도 쓰여요. 또 가구와 한옥 같은 건축 자재에도 사용됩니다. 그뿐만이 아니라 식물은 이산화탄소를 흡수하고 산소를 뿜어내어 공기를 맑게 하고, 가뭄과 홍수의 피해도 줄여 주지요. 땔감과 종이의 원료로도 사용됩니다. 이처럼 식물은 사람이나 동물에게 아낌없이 베풀고 있답니다.

2. 아마존 강 밀림 지역은 '지구의 허파'라고 불릴 만큼 많은 산소를 내뿜고 있어요. 그러나 아마존 강 유역에서 목재 산업과 목축업이 활발해지면서 숲이 점점 사라지고 있습니다. 게다가 콩을 재배하기 위해 숲이 경작지로 개간되면서 아마존 강 밀림은 더욱 심각하게 파괴되고 있어요.